Dieser Band enthält je eine kurze Erzählung von sieben deutschen Schriftstellern, die nach dem Zweiten Weltkrieg hervorgetreten und bekannt geworden sind: Alfred Andersch, Ingeborg Bachmann, Heinrich Böll, Günter Grass, Siegfried Lenz, Wolfdietrich Schnurre, Gabriele Wohmann.

Bei der Auswahl wurde darauf geachtet, daß die Geschichten sprachlich lohnend und literarisch reizvoll sind. Aber auch darauf, daß einige wichtige Themen der modernen deutschen Literatur in ihnen erkennbar werden und daß sich die deutsche Wirklichkeit dieser Jahre ein wenig darin spiegelt.

Dem deutschen Originaltext steht Seite für Seite in Paralleldruck eine sorgfältige französische Übersetzung gegenüber.

Le présent volume comprend sept contes, chacun d'un écrivain qui s'est fait connaître et dont la réputation s'est établie après la Seconde Guerre mondiale: Alfred Andersch, Ingeborg Bachmann, Heinrich Böll, Günter Grass, Siegfried Lenz, Wolfdietrich Schnurre, Gabriele Wohmann.

Pour leur sélection on a veillé à ce que ces contes présentent un intérêt sur le plan de la langue et qu'ils soient attrayants sur le plan littéraire. Mais aussi à ce que certains grands thèmes de la littérature allemande contemporaine s'y dessinent et que la réalité allemande de l'époque s'y reflète quelque peu.

En regard du texte allemand original figure, page par page, une soigneuse traduction française.

dtv zweisprachig · Edition Langewiesche-Brandt

# DEUTSCHE ERZÄHLUNGEN 1

# CONTES ALLEMANDS 1

Übersetzung von Gérard Peterolff

Deutscher Taschenbuch Verlag

1. Auflage der deutsch-französischen Ausgabe April 1976
19.–21. Tausend Juni 1984
Lizenz-Angaben auf Seite 151
Umschlagentwurf: Celestino Piatti
Gesamtherstellung: Kösel, Kempten
Printed in Germany. ISBN 3-423-09109-6

Alfred Andersch (* 1914)
Vollkommene Reue · Complet repentir 6 · 7

Wolfdietrich Schnurre (* 1920)
Die Tat · L'acte 20 · 21

Günter Grass (* 1927)
Meine grüne Wiese · Mon pré vert 48 · 49

Gabriele Wohmann (* 1932)
Die Fahrt · La course 64 · 65

Ingeborg Bachmann (1926–1973)
Undine geht · Ondine s'en va 76 · 77

Siegfried Lenz (* 1926)
Das Examen · L'examen 96 · 97

Heinrich Böll (* 1917)
Er kam als Bierfahrer · Il vint comme livreur de bière 132 · 133

## Alfred Andersch: Vollkommene Reue

Das Confiteor und den Introitus, das Gloria, die Lesung des Evangeliums und das Credo hatte er hinter sich. Er war beim Hauptteil der Messe angelangt. Nachdem er sich zum Altar geneigt und den Stein geküßt hatte, wandte er sich um und sprach, die Hände leicht erhoben, das Dominus vobiscum.

Er sah, wie sie sich setzten. Obwohl er seit zehn Jahren die Messe zelebrierte, gelang es ihm immer noch nicht, das eine oder andere Gesicht zu unterscheiden, die Menschen verschwammen vor seinen Augen. Warum eigentlich kann ich die Leute nicht ins Auge fassen, dachte er, obgleich sie mir zur Gewohnheit geworden sind? Gewohnheit ist übrigens gut. Haben nicht sie sich an mich gewöhnen müssen? An meine selbstsichere, glatte, routinierte Art, mit der ich sie mir vom Leibe halte? Trotzdem kann ich die Leute nie unterscheiden. Scheint immer noch eine Art Lampenfieber zu sein. Er hörte des Ministranten «Et cum spiritu tuo». «Oremus», vollendete er hastig. Die Kirche, die einzige Kirche der Stadt, die völlig heil geblieben war, nahm das Wort glatt in ihr mondänes Barock auf. Sie schmiegte sich eihaft, perlgrau, von goldenem Altar- und schwarzem Schattengekurv durchzogen, um seine Aufforderung zum Gebet. Draußen hätte ich das sagen sollen, dachte er, draußen, wo die Trümmer sind. Seit gestern halte ich diese Kirche nicht mehr aus. Eigentlich ist sie mir schon die ganze Zeit auf die Nerven gegangen. Ich habe nur nie gewußt, warum. Ich werde um Versetzung in irgendeine arme Pfarrei eingeben. Meine Oberen werden mich nicht verstehen. Aber darf ich denn dem Domkapitel angehören, nachdem dieser Mensch meine Sicherheit erschüttert hat? Nicht meinen Glauben, aber mein Gewissen.

Er hoffte, sich in das Opferungsgebet vertiefen zu können, während er das Velum vom Kelch nahm und die Patene mit der Hostie emporhob. Doch die Gewohnheit ließ sein Gesicht ohne

## Alfred Andersch: Complet repentir

Du confiteor et de l'introït, du gloria, de la lecture de l'évangile et du Credo il en avait terminé. Il était parvenu à la partie principale de la messe. Après s'être incliné sur l'autel et en avoir baisé la pierre, il se retourna et, les mains légèrement levées, prononça le Dominus vobiscum.

Il vit comme ils s'asseyaient. Bien que célébrant la messe depuis dix ans, il ne réussissait toujours pas à distinguer les visages les uns des autres les individus se confondaient devant ses yeux. Pourquoi, au fond, ne puis-je pas concentrer mon regard sur les gens, pensa-t-il, bien que j'aie fini par m'habituer à eux? C'est d'ailleurs bien, l'habitude. N'ont-ils pas dû, eux, s'habituer à moi? A ma façon assurée, insaisissable, exercée, par laquelle je me les tiens à distance? Et pourtant, je ne puis jamais distinguer les gens. Il faut croire que c'est toujours une espèce de trac. Il entendit l'«Et cum spiritu tuo» du servant. «Oremus», compléta-t-il précipitamment. L'église, la seule église de la ville à être restée entièrement intacte, absorba le mot tout uniment dans son baroque mondain. Telle une coquille d'œuf, tout en gris-perle, parcourue par les rondeurs dorées de l'autel et celles, noires, des ombres, elle se moulait autour de son invitation à la prière. C'est dehors que j'aurais dû dire cela, pensait-il, dehors, là où sont les ruines. Depuis hier je ne supporte plus cette église. A vrai dire, elle m'a tout le temps donné sur les nerfs. Seulement, je n'ai jamais su pourquoi. Je vais demander ma mutation dans une quelconque paroisse pauvre. Mes supérieurs ne me comprendront pas. Mais ai-je vraiment le droit d'appartenir au chapitre, maintenant que cet homme a ébranlé mon assurance? Pas ma foi, mais ma conscience.

Il espérait pouvoir s'enfoncer dans les formules d'oblation, tandis qu'il retirait le voile du calice et élevait la patène avec l'hostie. Mais l'habitude laissait son visage sans expression.

Ausdruck. Zweitausendmal habe ich bestimmt die Messe gelesen, überlegte er. Welch ein Wunder, daß ich heute nicht an die gleichen Dinge denke, an die ich noch gestern während der heiligen Handlung gedacht habe. Heute denke ich nur an ihn. Gestern, registrierte er kurz, habe ich noch an den Artikel gedacht, den Pater Eugen von den Jesuiten für seine Zeitschrift haben will, an den Bericht über die Studientagung für den Herrn Kardinal, an die Politiker, die zu mir kommen, weil sie hoffen, von mir Geheimnisse aus dem erzbischöflichen Ordinariat zu erfahren, zuletzt sogar an das ausgezeichnete Mittagessen beim Prälaten Maier, zu dem ich jeden Samstag eingeladen bin. Gestern war Samstag. Heute aber denke ich nur an diesen Mann, der gestern nachmittag bei mir war.

Er schritt zur Epistelseite des Altars und goß Wein in den Kelch, den ihm der Ministrant hinreichte. Seine Lippen murmelten die Formel: «O Gott, der Du die Würde der menschlichen Natur wunderbar geschaffen und noch wunderbarer erneut hast», wobei er dem Wein einen Tropfen Wasser hinzufügte. Dann glitt er in der Geborgenheit des Ornats zur Mitte des Altars zurück, machte mit dem Kelch das Zeichen des Kreuzes und stellte ihn auf das Korporale.

Unweit der Kirche spielte das kleine Mädchen in den Trümmern eines zusammengestürzten Hauses. Es konnte die sonntagsstillen Straßen nicht sehen, denn es war über einen Berg von Ziegeln und Geröll geklettert und saß nun auf einem ebenen Plätzchen, das es sich selbst vor ein paar Tagen freigelegt hatte. Hier kann ich fein spielen, dachte es, hier stört mich niemand. Ich werde Landpartie mit meinem Holzwagen spielen. In Bunzlau haben wir immer Landpartien gemacht. Aber nur mit Mutti. Pappi war Soldat und nie da. Ich will eine Landpartie mit Pappi machen. Ich muß ein Pferd vor den Wagen spannen. Da nehme ich einfach einen Ziegelstein, das ist ein dickes Pferd. Gut, daß Ulli mir nicht zuschauen kann, sonst

J'ai bien dû lire deux mille fois la messe, se disait-il. Que c'est étrange, je ne repense pas aujourd'hui aux mêmes choses qu'hier encore, en célébrant le saint sacrifice. Aujourd'hui je ne pense qu'a lui.

Hier, nota-t-il rapidement, j'ai encore pensé à l'article que le Père Eugen des Jésuites veut avoir pour sa revue, au rapport sur les journées d'étude pour Son Eminence, aux hommes politiques qui viennent me voir parce qu'ils espèrent apprendre par moi des secrets de la curie archiépiscopale, finalement même à l'excellent déjeûner chez Monseigneur Maier, chez qui je suis invité tous les samedis. Hier c'était samedi. Mais aujourd'hui je ne pense qu'à cet homme qui était chez moi hier après-midi.

Il se rendit du côté de l'Epître et versa du vin dans le calice que le servant lui tendait. Ses lèvres murmurèrent la formule: «O Dieu, qui avez merveilleusement créé la dignité de la nature humaine et qui l'avez réformée plus merveilleusement encore», tandis qu'il ajoutait au vin une goutte d'eau. Puis, sous l'abri des ornements sacerdotaux, il se coula vers le milieu de l'autel, fit le signe de la croix avec le calice et posa celui-ci sur le corporal.

Non loin de l'église la petite fille jouait dans les ruines d'une maison qui s'était écroulée. Elle ne pouvait voir les rues tranquilles du dimanche, car elle avait escaladé une montagne de briques et de gravats et était assise maintenant dans un petit espace plat qu'elle avait dégagé elle-même quelques jours auparavant. Ici je vais bien pouvoir jouer, pensait-elle, ici personne ne viendra me déranger. Je vais jouer à la partie de campagne avec ma voiture de bois. A Bunzlau nous avons toujours fait des parties de campagne. Mais seulement avec maman. Papa était soldat et n'était jamais là. Je m'en vais faire une partie de campagne avec papa. Il faut que j'attelle un cheval à la voiture. Prenons simplement une brique, ce sera un gros cheval. Heuwürde sie mich auslachen: «Ein Ziegelstein kann doch kein Pferd sein.» Da ist ein Stück Mörtel, das sieht aus wie ein Mensch, das soll Pappi sein. Ich stelle es in den Wagen. So, jetzt geht's los. Hü-hott, willst du gleich ziehen! Der Stein ist zu groß, ich kann ihn nicht anfassen, ich muß einen kleineren suchen. Der dort ist recht. Jetzt wirst du vor den Wagen gespannt. Du mußt Pappi und mich ziehen. Wohin wollen wir zuerst fahren? Dorthin, zu dem Steinhaufen, der soll das Riesengebirge sein. Pappi erzählt mir immer vom Riesengebirge. Dort gibt es den Rübezahl. Hoffentlich gibt es den Rübezahl nicht. Pappi wird mich beschützen. Mit dem kleinen Stein geht es gut. Ich hätte eine Schnur mitnehmen sollen, um ihn an die Deichsel zu binden. Das eine Rad rollt nicht richtig. Schade, daß Mutti nicht da ist, sonst könnte sie mitfahren. Wie der Baum dort drüben rauscht! Hoffentlich kommt kein Gespenst aus ihm heraus!

«Ich habe meine kleine Tochter geschlagen», hatte der Mann, der Vater mit den verwirrten Augen, zu ihm gesagt. «Ich habe sie sehr hart ins Gesicht geschlagen. Ich bin gekommen, es Ihnen zu beichten. Aber ich fühle, daß es keine Verzeihung dafür gibt.» Zuerst ist er mir wie einer jener sanftmütigen Wahnsinnigen erschienen, die es manchmal zu uns treibt, dachte der Priester, während er die Hände über die Schale hielt und der Ministrant das Wasser aus der Karaffe über sie rinnen ließ. «Mit den Unschuldigen will ich meine Hände waschen», flüsterte der noch immer ausdruckslose Mund, aber die Augen hatten zu glänzen begonnen, weil sie in jenes andere Gesicht blickten, das sich ihm gestern dargeboten hatte. Er hörte den Vater sagen: «Ach, Sie hätten dieses ganz zerstörte Gesicht sehen sollen. Sie hat nicht einmal geweint. Sie müssen wissen, daß ich sie bis dahin noch nie geschlagen hatte.»

Plötzlich wurde er sich bewußt, daß er die Worte von den ‹Männern voll von Blutschuld› sprach, die der Aufopferung an die Dreifaltigkeit vorangehen. Gab es diese Männer nicht überreusement qu'Ulli ne peut pas me regarder faire, sinon elle se moquerait de moi: «Mais une brique ne peut pas être un cheval.» Voilà un morceau de mortier qui a l'air d'un homme, ce sera papa. Je le mets dans la voiture. Allez, on s'en va. Hu-hau, veux-tu bien tirer! La pierre est trop grande, je ne peux pas la saisir, il faut que j'en cherche une plus petite. Celle-là va bien. C'est toi maintenant qui vas être attelée à la voiture. Il faut que tu nous tires, papa et moi. Où allons-nous aller pour commencer? Là-bas, au tas de cailloux, ce sera le mont des Géants. Papa me parle tout le temps du mont des Géants. C'est là qu'il y a le génie Rübezahl. Pourvu que Rübezahl n'existe pas. Papa me protégera. Avec la petite pierre ça marche bien. J'aurais dû emporter une ficelle pour l'attacher au timon. L'une des roues ne tourne pas rond. Dommage que maman ne soit pas là, autrement elle pourrait venir avec nous. Ce que l'arbre en face fait du bruit! Pourvu qu'il n'en sorte pas un fantôme!

«J'ai frappé ma fillette», lui avait dit l'homme, le père aux yeux égarés. «Je l'ai frappée très fort au visage. Je suis venu m'en confesser à vous. Mais j'ai le sentiment qu'il n'y a pas de rémission pour cela.» Tout d'abord il m'a fait l'effet d'un de ces fous paisibles qui se sentent parfois poussés chez nous, pensait le prêtre tandis qu'il étendait ses mains par-dessus la patelle et que le servant faisait ruisseler sur elles l'eau de la burette. «Je lave mes mains parmi les innocents», murmurait la bouche toujours inexpressive, mais les yeux s'étaient mis à briller car ils se portaient sur cet autre visage qui s'était offert à lui hier. Il entendait le père dire: «Ah, vous auriez dû voir ce visage totalement décomposé. Elle n'a pas même pleuré. Il faut que vous sachiez que jusqu'alors je ne l'avais jamais frappée encore.»

Subitement il prit conscience de ce qu'il prononçait les mots des *hommes de sang qui ont leurs mains chargées de crimes*, juste avant la prière à la Trinité. Ces hommes ne se trouventall? Waren sie nicht auch heute in seiner Kirche versammelt, schnellen Schrittes und ohne Reue nähergetreten, aus den zerstörten Häusern heraus und über die geschundenen Straßen hinweg in den graugoldenen, eiförmigen Raum gekommen? Was waren das für Menschen, welche die Kirche bevölkerten? Mörder, die Bomben gestreut hatten, Frauen, die schlimmer waren als die Huren – sie verkauften sich nicht einmal, sie waren nur einfach untreu –, Reiche, die wußten, daß ihr Reichtum Verbrechen war, Priester, welche die Sakramente spendeten, als müsse dies so sein: das Heilige, von der Gewohnheit ausgestreut unter Empfangende, die nicht mehr fragten. Aber ich verachte ja die Menschen, korrigierte er sich. Es sind viele unter ihnen, die immer wieder ein echtes Verlangen zum Tisch des Herrn treibt. Doch wann ist mir einmal einer begegnet, der so wie dieser Mensch sich einer untilgbaren Schuld bezichtigte? «Vielleicht hat Ihre kleine Tochter etwas Böses getan?» hatte er dem Mann endlich erwidert. «Und wenn Sie ihr Unrecht zugefügt hätten? Sie bereuen es doch, wie ich sehe. Warum sollte Ihnen nicht verziehen werden?»

«Die Kirche verzeiht die großen Verbrechen», war die Antwort gewesen. «Aber wie belanglos ist das! Es sind die kleinen Handlungen, die das Leben eines Menschen zerstören. Hören Sie mich an!»

Jene Worte ‹Betet, Brüder!›, die er der Menge zuzurufen hatte, rissen ihn aus seinen Überlegungen, aber das darauffolgende lange Lob- und Dankgebet der Präfation und der Beginn des Kanons ließen ihm wieder Zeit, sich ungestört seinen Gedanken hinzugeben. Im Kanon war alles Geschaffene und die Anliegen aller Menschen eingeschlossen. Auch das Anliegen dieses Mannes, sein dringliches Flüstern?

So, jetzt sind wir beim Riesengebirge angekommen. Ich muß eine Kirche bauen, das ist Kloster Grüßau, wo ich immer mit Mutti hingefahren bin. Pappi fährt nie mit mir wohin. Aber ils pas partout? N'étaient-ils pas réunis aussi dans son église aujourd'hui, arrivés d'un pas rapide et sans repentir, après être sortis des maisons éventrées et avoir traversé les rues ravagées pour venir dans cette enceinte ovoïde gris-or? Quel genre d'hommes était-ce, qui peuplaient l'église? Des assassins qui avaient répandu des bombes, des femmes qui étaient pires que des catins – elles ne se vendaient même pas, elles étaient tout simplement infidèles –, des riches qui savaient que leur richesse était crime, des prêtres qui administraient les sacrements comme s'il fallait qu'il en fût ainsi: les saintes espèces distribuées par habitude à des fidèles qui ne posaient plus de questions. Mais je suis en train de réprouver les hommes, se reprit-il. Il en est beaucoup parmi eux qui ressentent sans cesse le réel besoin de se rendre à la table du Seigneur. Pourtant, quand en ai-je rencontré un qui, comme cet homme, s'est accusé d'une faute ineffaçable? «Peut-être votre fillette a-t-elle fait quelque chose de mal? avait-il finalement rétorqué à l'homme. Et quand bien même vous l'auriez traitée injustement? Vous vous en repentez, à ce que je vois, non? Pourquoi ne vous serait-il pas pardonné?»

«L'Eglise pardonne les grands crimes, avait été la réponse. Mais quelle chose de peu d'importance! Ce sont les petites actions qui ruinent la vie d'un homme. Ecoutez-moi!»

Les mots *Priez, mes frères* qu'il devait adresser à l'assistance l'arrachèrent à ses réflexions, mais la longue prière de louange et d'action de grâce de la Préface et le début du Canon lui laissèrent de nouveau le temps de s'abandonner librement à ses pensées. Le Canon englobait toute la Création et les problèmes de tous les hommes. Egalement le problème de cet homme-là, son pressant murmure?

Eh bien, nous voilà arrivés au mont des Géants. Il faut que je construise une église, c'est le couvent de Grüssau où j'allais toujours avec maman. Papa ne va jamais nulle part avec moi.

er kann nichts dafür, es gibt ja keine Wagen und Pferde mehr. Kloster Grüßau, das war eine schöne Kirche. So schöne gibt es hier gar nicht. Sind alle kaputt. Da war ich mal mit Mutti drin. Die Orgel hat gespielt, ganz laut. Vorn war der Pfarrer, und sein Kleid war wie Gold. Ein Junge in einem weißen Kleid hat ihm einen Becher hingehalten. Ich habe gefragt, was in dem Becher ist. Wein, hat Mutti gesagt. Trinkt er den Wein? habe ich gefragt. Nein, hat Mutti gesagt, er verwandelt ihn in das Blut vom Herrn Jesus. Aber man kann doch aus Wein nicht Blut machen. Wir sind nicht lange in der Kirche geblieben. Dann sind wir noch ein Stück ins Gebirge hineingefahren. Im Wald war der Rübezahl.

Hoffentlich fängt es nicht zu regnen an. Es sind immer mehr Wolken gekommen. Ich muß Pappi einen Regenmantel anziehen. Da liegen Blätter von dem Baum, die kann ich dafür gebrauchen. Aber jetzt muß ich erst die Kirche bauen. Für die Türme muß ich Steine nehmen, die noch recht weiß sind. Die in Grüßau waren auch weiß. Jetzt hab' ich meine Schürze schmutzig gemacht. Pappi wird schimpfen. Ob man die Puppe reparieren kann? Hoffentlich kann man die Puppe reparieren, damit Pappi nicht mehr so traurig ist. Jetzt ist die Kirche fertig. Die sollte Pappi sehen! Aber ich darf ihm nicht sagen, daß ich hier spiele, sonst wird er böse. Er will nicht, daß ich allein bin. Ich soll mit den anderen Kindern spielen, sagt er. Aber ich spiele viel lieber allein. Hü-hott! Pappi, fall nicht um! Das Pferd ist wild.

«Ich hatte ihr eine Puppe geschenkt. Eine sehr schöne Puppe, wie man sie heute nur auf dem Schwarzen Markt bekommt. Noch nie hat sie eine Puppe besessen, obgleich sie schon sieben Jahre alt ist. Wir sind vor drei Jahren aus dem Osten geflüchtet und sehr arm. Darum war es ein so großes Opfer für mich, die Puppe zu kaufen. Wir leben allein, meine Tochter und ich. Wir kommen sehr gut miteinander aus. Meine Frau ist mir im vorigen Jahr davongelaufen.

Mais il n'en peut rien, puisqu'il n'y a plus de voitures, ni de chevaux. Le couvent de Grüssau, ça c'était une belle église. D'aussi belles il n'y en a pas ici. Sont toutes démolies. Une fois j'y suis entrée avec maman. L'orgue jouait, très fort. Devant il y avait le curé, et son vêtement était comme de l'or. Un garçon habillé de blanc lui a tendu un gobelet. J'ai demandé ce qu'il y avait dans le gobelet. Du vin, a dit maman. Il boit le vin? ai-je demandé. Non, a dit maman, il le transforme en sang du Seigneur Jésus. Mais on ne peut pas, quand même, faire du sang à partir de vin. Nous ne sommes pas restées longtemps à l'église. Ensuite nous sommes encore allées faire un tour dans la montagne. Dans la forêt il y avait Rübezahl. Pourvu qu'il ne se mette pas à pleuvoir. De plus en plus de nuages sont venus. Il faut que je mette un imperméable à papa. Voilà des feuilles tombées de l'arbre, je vais pouvoir m'en servir pour cela. Mais maintenant il faut d'abord que je construise l'église. Pour les tours il faut que je prenne des pierres qui soient encore bien blanches. Celles de Grüssau étaient blanches aussi. Voilà que j'ai sali mon tablier. Papa va me gronder. Savoir si on peut réparer la poupée? Pourvu qu'on puisse réparer la poupée, pour que papa ne soit plus si triste. Maintenant l'église est terminée. Celle-ci, il faudrait que papa la voie! Mais je ne peux pas lui dire que je joue ici, sinon il se fâchera. Il ne veut pas que je sois seule. Je dois jouer avec les autres enfants, dit-il. Mais j'aime beaucoup mieux jouer seule. Allez, hue! Papa, ne te renverse pas! Le cheval s'est emballé.

«Je lui avais offert une poupée. Une très belle poupée, comme on ne les trouve actuellement qu'au marché noir. Jamais encore elle n'a possédé de poupée, bien qu'elle ait déjà sept ans. Nous nous sommes enfuis de l'Est il y a trois ans et nous sommes très pauvres. C'était donc un grand sacrifice pour moi, d'acheter la poupée. Nous vivons seuls, ma fille et moi. Nous nous entendons très bien. Ma femme m'a quitté l'an dernier. Elle était

Sie war noch sehr jung, und ich habe sie nicht festhalten können. Als Priester werden Sie von diesen Dingen nicht viel verstehen.»

Die betenden Lippen hielten einen Augenblick im Sermon inne, um bestimmte Personen oder Meinungen in das Gebet einzuschließen. Als sie in ihrem Gemurmel fortfuhren, das von unterdrücktem Husten, huschenden Schritten und Kleidergeraschel begleitet war, stellte sich auch die Stimme des Vaters sofort wieder ein:

«Jedenfalls bin ich gezwungen, meine Tochter viele Stunden am Tag allein zu lassen. Manchmal achtet die Nachbarin auf sie. Aber ich kann ihr die Aufsicht nicht oft zumuten. Dann sitzt das Kind allein in dem Zimmer, das man uns zugewiesen hat, oder es spielt in den Trümmern. Ich bin als Schalterbeamter in einem Postamt untergekommen. Den ganzen Tag denke ich daran, was die Kleine gerade machen mag. Haben Sie sich schon einmal ein einsames Kind vorgestellt, Hochwürden? Doch ich wollte Ihnen von der Puppe erzählen. Als ich gestern abend nach Hause kam, sah ich meine Tochter in der Dämmerung auf ihrem kleinen Stuhl am Fenster sitzen. Sie hatte der Puppe den Kopf abgerissen und war gerade dabei, die Holzwolle, mit der ihr Leib ausgestopft ist, zu untersuchen. Da packte mich ein sinnloser Zorn, und ich habe sie geschlagen. Aber sie hat nicht einmal geweint.»

Er vernahm die Schelle des Ministranten. Mechanisch machte er das Kreuzzeichen über den Opfergaben. Mein Gott, dachte er, nun beginnt die Wandlung, und ich bin gar nicht vorbereitet, weil dieser Mann mich aufhält. Er hörte ihn sagen:

«Sie hat der Puppe den Kopf abgerissen. Ich habe sie dafür ins Gesicht geschlagen. Wer wird mich schlagen? Wer wird den schlagen, der mich schlägt? Warum kann Gott nicht einmal aufhören, uns zu verzeihen? Es geht ja immer so weiter. Zuletzt wird Gott der Geschlagene sein.»

Gleich werden Brot und Wein in den Leib und das Blut verwandelt sein, dachte er, aber kann ich damit den Sündern die Vergebung spenden?

encore très jeune et je n'ai pas pu la retenir. Comme prêtre vous ne comprenez sans doute pas grand-chose à ces affaires.»

Les lèvres qui étaient en train de prier arrêtèrent un instant leur débit monocorde pour inclure certaines personnes ou intentions dans la prière. Lorsqu'elles reprirent leur murmure qu'accompagnaient des toux contenues, de légers pas pressés et le bruissement de vêtements, la voix du père revint aussitôt:

«En tous cas je suis obligé de laisser ma fille seule un grand nombre d'heures par jour. Parfois la voisine veille sur elle. Mais je ne puis pas lui demander cette surveillance souvent. L'enfant est alors seule dans la chambre qu'on nous a attribuée, ou elle joue dans les ruines. Je me suis casé comme préposé au guichet dans un bureau de poste. Toute la journée je me demande ce que la petite est en train de faire. Vous est-il déjà arrivé d'imaginer une enfant seule, monsieur le curé? Mais je voulais vous parler de la poupée. Lorsque je suis rentré hier soir j'ai vu ma fille assise, à la tombée du jour sur sa petite chaise près de la fenêtre. Elle avait arraché la tête de la poupée et elle était occupée à examiner la laine de bois qui en bourrait le corps. Une colère insensée m'a pris alors, et je l'ai frappée. Mais elle n'a même pas pleuré.»

Il perçut la sonnette du servant. Mécaniquement il fit le signe de la croix sur les offrandes. Mon Dieu, pensait-il, voilà que commence la consécration, et je ne suis pas du tout préparé, parce que cet homme me retient. Il l'entendit lui dire:

«Elle a arraché la tête de la poupée. Je l'ai frappée au visage pour cela. Qui va me frapper moi? Qui frappera celui qui m'aura frappé? Pourquoi Dieu ne peut-il pas enfin cesser de nous pardonner? Les choses continuent indéfiniment ainsi. Finalement c'est Dieu que l'ou frappera.»

Dans un instant le pain et le vin seront changés en corps et en sang, se dit-il, mais puis-je avec eux dispenser la rémission aux pécheurs?

Jetzt kommen die ersten Tropfen. Darum hat der Baum vorhin so gerauscht. Das Regengespenst kommt aus dem Baum. Schnell den Mantel für Pappi. Die Blätter halten nicht recht. Ich muß aus den Stengeln einen Knoten machen und einen Grashalm herumlegen. So, jetzt halten sie. Nun müssen wir ganz schnell fahren, wie damals, als wir vor den Russen geflohen sind. Da war Pappi auf einmal da. Er hatte noch die Uniform an. Lauf schneller, Pferdchen! Wir müssen nach Hause. Aber wir sind immer weiter fort von zuhause gefahren. Schade, daß die Mutti nicht mehr bei uns ist. Ich werde Pappi das Stück Mörtel bringen mit dem Regenmantel. Es hat einen Kopf wie ein Mensch. Da wird er wieder froh sein und lachen. Ob er heute wieder mit mir Eis essen geht? Aber ich darf nicht naß nach Hause kommen. Ich will mich dort in den Kellereingang stellen, bis es zu regnen aufhört. Aber nur ganz vorn hin. Drinnen ist es ganz finster, und ich fürchte mich. Was wohl alles da drin sein mag?

Das Kind stand, hellfarbig und schmal, vor dem dunklen Ausschnitt des Kellereingangs, den man freigeschaufelt hatte, und wartete auf das Ende des Regenschauers, der mit grauschwarzen Wolken über den Herbsthimmel zog. Die Puppe aus Mörtel und das Holzwägelchen hatte es an sich gepreßt.

Die Brandungswelle der Verwandlung hatte ihn in ihre schäumenden Strudel gezogen. Gleich würde er ans Ufer prallen. Da war es schon. Dreimal ertönte die Schelle des Ministranten, als der Priester das Knie beugte und mit beiden Armen die konsekrierte Hostie emporhob.

«Sie hat der Puppe den Kopf abgerissen; sie war so vertieft in ihr Spiel und wußte gar nicht, was sie tat. Und ich habe deswegen ihr Gesicht zerstört. Es gibt keine Absolution dafür!»

«Warum sind Sie dann zu mir gekommen? Nur, um mir das zu sagen? Sie sind hochmütig. Sie sind so hochmütig, daß Sie

Voilà qu'arrivent les premières gouttes. C'est pour ça que l'arbre a fait tant de bruit tout-à-l'heure. Le fantôme de la pluie sort de l'arbre. Vite le manteau pour papa. Les feuilles ne tiennent pas bien. Il faut que j'en noue les queues et que je mette un brin d'herbe autour. Voilà qu'elles tiennent. Maintenant il faut que nous allions très vite, comme quand nous avons fui devant les Russes. Papa, alors, était là tout à coup. Il portait encore son uniforme. Va plus vite, petit cheval! Nous devons rentrer chez nous. Mais nous sommes allés de plus en plus loin de chez nous. Dommage que maman ne soit plus avec nous. J'apporterai à papa le morceau de mortier avec l'imperméable. Il a une tête comme un homme. Alors il va redevenir joyeux et rire. Est-ce qu'il ira de nouveau manger de la glace avec moi aujourd'hui? Mais il ne faut pas que j'arrive mouillée à la maison. Je vais me mettre là-bas, dans cette entrée de cave, jusqu'à ce qu'il cesse de pleuvoir. Mais seulement tout devant. A l'intérieur c'est tout obscur et j'ai peur. Qu'est-ce qu'il peut bien y avoir là-dedans?

L'enfant se tenait, claire et mince, devant la découpure sombre de l'entrée de la cave que l'on avait dégagée à la pelle, et attendait la fin de l'averse dont les nuages gris-noirs passaient dans le ciel d'automne. La poupée de mortier et la voiturette de bois, elle les avait pressées contre soi.

Les vagues déferlantes de la transsubstantiation l'avaient entraîné dans leur bouillonnement d'écume. Dans un instant il heurterait le rivage. Déjà il était là. Trois fois retentit la sonnette du servant, tandis que le prêtre faisait la génuflexion et, des deux bras, élevait l'hostie consacrée.

«Elle a arraché la tête de la poupée; elle était si absorbée par son jeu et ne se rendait pas du tout compte de ce qu'elle faisait. Et moi, voilà pourquoi j'ai défait son visage. Il n'existe pas d'absolution pour cela!»

«Pourquoi êtes-vous alors venu à moi? Rien que pour me dire cela? Vous êtes orgueilleux. Vous êtes orgueilleux au point de glauben, die Gnade Gottes könne Ihre Sünde nicht umfassen. Übrigens haben Sie recht; ich kann Ihnen die Absolution nicht erteilen, wenn Sie die Gnade nicht wollen.»

Da ist er gegangen. Dieser Mensch in den Trümmern, dieser Flüchtling, der glaubte, Gott würde an ihm das Wunder tun, die fortzeugende Kette von Schuld und Sühne zu unterbrechen, indem er ihn in der Schuld beließ. Sein Blick war fassungslos vor Entsetzen, so, wie die Augen seines Kindes gewesen sein mögen, als er es schlug. Ihm, gerade ihm hätte ich die Vergebung aufzwingen müssen. Ich sollte ihm nachlaufen bis ans Ende der Welt, bettelnd, er möge die Verzeihung annehmen. Einmal ist das Gesicht eines Menschen auf mich zugekommen, dachte der Priester. Und ich habe es nicht erkannt. Ich habe es nicht erkannt. Ich bin nicht wert, hier zu stehen. Und doch habe ich heute zum erstenmal wieder die Messe gelesen. Die Messe. Gelesen. Seine Stimme war tonlos, als er abermals ins Knie sank und den Kelch erhob. «Das ist der Kelch meines Blutes, des neuen und ewigen Bundes, das Geheimnis des Glaubens», sagte seine tonlose Stimme in das Schweigen der Kirche hinein. Aber sein Geist schrie: «Gott! Warum schlägst Du uns?»

## Wolfdietrich Schnurre: Die Tat

Als die Schwester gegangen war, kam noch einmal der Arzt. Der Verunglückte schien ihm jetzt ruhiger zu sein, die Morphiumspritze hatte gewirkt. Der Arzt beschloß, es ihm noch nicht zu sagen, daß er sein Bein verlieren würde. Das hatte Zeit; erst mal herauskriegen, mit wem man es hier überhaupt zu tun hatte. Das Auto war bis zur Unkenntlichkeit ausgebrannt gewesen, und in der verkohlten Brieftasche hatte lediglich ein zusammengeschnurrtes Photo der Hitze standgehalten, es war so etwas wie croire que la grâce de Dieu ne peut pas embrasser votre péché. D'ailleurs vous avez raison; je ne puis pas vous donner l'absolution si vous ne voulez pas de la grâce.»

Là-dessus il est parti. Cet homme des ruines, ce réfugié, qui croyait que Dieu allait réaliser sur lui le miracle de rompre la chaîne de l'offense et de la pénitence, cette chaîne perpétuellement renouvelée, en laissant peser sur lui son offense. Son regard avait été stupéfait d'effroi tout comme l'avaient été sans doute les yeux de son enfant quand il l'avait frappée. A lui, précisément à lui, j'aurais dû imposer la rémission. Je devrais courir après lui jusqu'au bout du monde, le suppliant d'accepter le pardon. Pour une fois le visage d'un homme est venu à moi, pensait le prêtre. Et je ne l'ai pas reconnu. Je ne l'ai pas reconnu. Je ne mérite pas de me trouver ici. Et pourtant j'ai de nouveau lu la messe aujourd'hui, pour la première fois depuis. La messe. Lue. Sa voix était terne tandis qu'il s'agenouillait derechef et élevait le calice. «Ceci est le calice de mon sang, le sang de la nouvelle et éternelle alliance, le mystère de foi», proférait sa voix terne dans le silence de l'église. Mais son esprit s'écriait: «Dieu! Pourquoi nous frappes-tu?»

## Wolfdietrich Schnurre: L'acte

Après que l'infirmière s'en fût allée, le médecin revint une nouvelle fois. L'accidenté lui paraissait maintenant plus calme, l'injection de morphine avait agi. Le médecin décida de ne pas lui dire encore qu'il perdrait sa jambe. Cela avait le temps; voir un peu, d'abord, à qui, en fait, l'on avait affaire. La voiture avait brûlé jusqu'à être méconnaissable, et dans le portefeuille carbonisé, seule une photo racornie avait résisté à la chaleur; on y voyait quelque chose comme un chat; un peu peu, trouvait le eine Katze darauf zu sehen; bißchen wenig, fand der Doktor, um einen halb besinnungslosen Schwerverletzten zu identifizieren.

Er zog sich einen Hocker heran und beugte sich über das Bett. Der Verunglückte sah ihn mißtrauisch an.

«Hallo», sagte der Doktor, «da sind wir ja wieder.»

«Was ist passiert?» fragte der andere.

«Sie sind auf freier Strecke gegen ein Brückengeländer gerast.»

Der Verunglückte schloß ächzend die Augen. «Ich erkannte sie zu spät. Sie saß plötzlich mitten auf der Chaussee. Man sah im Dunkeln nur ihre Pupillen aufglühen. Ich riß das Steuer rum und –»

«Von wem reden Sie», unterbrach ihn der Arzt.

«Von der Katze», sagte der Mann.

«Ach. Eine Katze hat das verschuldet –?»

Der Verunglückte nickte erschöpft. Er hatte noch immer die Augen geschlossen, seine Lider zuckten. «Ich hätt sie überfahren sollen», sagte er plötzlich und versuchte sich hochzustemmen; «dann hätt ich Ruhe gehabt.» Er sank wieder zurück.

«Ruhe –?» fragte der Arzt; «wovor?»

«Na, vor *ihr*!» Der Mann schrie fast; er zitterte.

«Beruhigen Sie sich», sagte der Arzt; «Sie müssen jetzt ruhig liegen.» Er machte eine Pause, während der er den Verunglückten aufmerksam ansah. «Ist ja komisch», sagte er dann. Er zog seinen Hocker noch etwas näher heran; der Fall fing an, ihn zu interessieren.

«Wie lange haben Sie das schon?»

«Was?»

«Na, diesen – Katzenkomplex.»

Das Lidzucken des Verunglückten nahm zu. «Seit ein paar Wochen. Seit – seit dieser Mensch da mich aufgesucht hat.»

«Was für ein Mensch.»

«So ein Spätheimkehrer.»

«Ach. Und Sie meinen, der hat Ihnen das angehext.»

docteur, pour identifier un grand blessé presque sans connaissance.

Il tira un tabouret à soi et se pencha sur le lit. L'accidenté le regardait avec méfiance.

«Eh bien, dit le docteur, nous voilà revenus.

– Que s'est-il passé? demanda l'autre.

– En rase campagne vous avez foncé contre un parapet de pont.»

L'accidenté ferma les yeux en geignant. «Je l'ai distingué trop tard. Subitement il était assis en pleine chaussée. Dans l'obscurité on ne voyait que ses prunelles briller. J'ai donné un brusque coup de volant et . . .

– De qui parlez-vous? coupa le médecin.

– Du chat, dit l'homme.

– Aha! Un chat en a été la cause . . . ?»

L'accidenté acquiesça de la tête, épuisé. Il tenait toujours les yeux fermés, ses paupières étaient agitées de mouvements convulsifs. «J'aurais dû l'écraser, dit-il tout à coup, et il essayait de se soulever; j'aurais alors été laissé en repos.» Il retomba en arrière.

«Laissé en repos . . . ? demanda le médecin; par qui?

– Eh, par *lui*!» L'homme criait presque; il tremblait.

«Calmez-vous, dit le médecin; il faut que vous restiez maintenant calmement étendu.» Il fit une pause tandis qu'il considérait attentivement l'accidenté. «C'est bien curieux», dit-il alors. Il rapprocha encore un peu son tabouret; ce cas commençait à l'intéresser.

«Depuis combien de temps avez-vous déjà cela?

– Quoi?

– Eh bien, ce . . . complexe du chat.»

L'agitation des paupières de l'accidenté augmentait. «Depuis quelques semaines. Depuis . . . depuis que ce bonhomme est venu.

– Quel bonhomme?

– L'un de ces prisonniers tard rapatriés.

– Ah. Et vous pensez que c'est lui qui vous a jeté ce sort?

«Angehext ist nicht das richtige Wort. Ich – ich bin Anwalt; ich hab 'ne Menge Beziehungen; er kam, weil er 'n Rat haben wollte, was er jetzt anfangen soll.»

«Er kannte Sie –?»

«Von – von früher, ja.»

«Was nennen Sie früher?»

«Den Krieg», sagte der andere und starrte zur Decke.

«Sie waren Offizier –?»

«Bloß beim Kriegsgericht.»

«*Bloß* –»

Der Verunglückte wurde plötzlich gesprächig. «Gott, na ja; Sie kennen doch die gloriosen Entscheidungen, die da so in der Regel verzapft worden sind.»

«Bin mal auf einen Exekutionsplatz befohlen worden», sagte der Arzt. «Ich hatte den Tod eines Erschossenen zu bestätigen. Er war siebzehn Jahre alt und soll feige gewesen sein.»

«Trotzdem – manchmal bleibt einem aber auch einfach gar nichts anderes übrig, als exemplarisch durchzugreifen.»

«Nein –?» Der Arzt hatte sich wieder aufgerichtet; er mußte sich sekundenlang Mühe geben, in dem anderen noch den Patienten zu sehen. «Wie kommen Sie darauf?»

«Na, durch diesen Dings, diesen Heimkehrer da.»

«Ach, Sie hatten früher mal – ‹dienstlich› mit ihm zu tun?»

«Nicht direkt, es – es handelte sich um 'n Kameraden von ihm.»

Der Verunglückte räusperte sich. «Um einen gewissen Unteroffizier Zabel.» Er versuchte, mit den geschienten Armen zu gestikulieren, ließ dann aber. «Sehen Sie, das war auch so'n Fall.»

«Ich denke, Ihr Besucher kam, um zu sondieren, was er anfangen könnte.»

«Auch, ja; aber 's war mehr 'ne Ausflucht; er ist vor allem wegen dieses Zabel gekommen.»

«Und was hat *der* mit Ihrer Aversion gegen Katzen zu tun –?»

– Jeté ce sort, ce n'est pas le terme juste. Je ... je suis avocat; j'ai quantité de relations; il est venu parce qu'il voulait un conseil sur ce qu'il pouvait se mettre à faire maintenant.

– Il vous connaissait ... ?

– De ... d'autrefois, oui.

– Qu'appelez-vous autrefois?

– La guerre, dit-il en fixant le plafond.

– Vous étiez officier ... ?

– Seulement au tribunal militaire.

– *Seulement* ...»

L'accidenté se fit subitement loquace. «Mon Dieu oui; vous connaissez bien les décisions imbéciles qui ont été débitées comme ça, en général.

– J'ai été envoyé une fois à un terrain d'exécution, dit le médecin. J'avais à confirmer le décès d'un fusillé. Il avait dix-sept ans et avait été prétendument lâche.

– Quand même ... parfois on n'a simplement pas d'autre ressource que de statuer un exemple.

– Non ... ?» Le médecin s'était redressé; pendant plusieurs secondes il dut se donner du mal pour voir encore dans l'autre un malade. «Qu'est-ce qui vous fait dire cela?

– Eh bien ce type, ce rapatrié.

– Ah bon, vous avez eu un jour ... affaire à lui ‹officiellement›?

– Pas directement, il ... il s'agissait d'un camarade à lui.»

L'accidenté s'éclaircit la voix. «D'un certain sergent Zabel.» Il tenta de gesticuler avec ses bras maintenus par des attelles, mais y renonça. «Voyez-vous, ça aussi, c'était un de ces cas.

– Je croyais que votre visiteur était venu pour s'enquérir de ce qu'il pouvait se mettre à faire.

– Aussi, oui; mais c'était davantage un prétexte; il est surtout venu à cause de ce Zabel.

– Et qu'avait-il à voir, *lui*, avec votre aversion contre les chats ... ?

«Merkwürdigerweise 'ne Menge.»

Jetzt war der Verunglückte wieder Patient. Der Doktor stauchte ihm das Kissen unter dem Kopf etwas zusammen. «Wieso?»

«Ich werd's Ihnen erzählen. Bestimmt hilft's, wenn ich es Ihnen erzähle. Nicht, Doktor, so was gibt's doch: daß man sich leichter fühlt, wenn so was raus ist?»

«Weiß nicht», sagte der Arzt; «das Prinzip der Beichte haut in der Medizin, glaub ich, nicht so ganz hin.»

«Mir egal», sagte der Verunglückte heftig; «Arzt oder Pfarrer – Hauptsache, Sie hören zu.»

Der Doktor sah nach der Uhr. «Also gut. Aber regen Sie sich um Gottes willen nicht auf.»

«Werd's versuchen», sagte der Verunglückte hastig.

«Also, ich sitz gerade über irgend 'ner Scheidungsgeschichte, da kommt dieser Mensch rein. Die Einleitung mit der Anstellung laß ich jetzt weg. Ob ich mich noch an den Unteroffizier Zabel erinnere, fragt er dann plötzlich.

Tut mir leid, sag ich. Und ich hatt ihn auch *tatsächlich* vergessen; schließlich lag das fast vierzehn Jahre zurück.

Gar keine Erinnerung mehr –? fragt er.

Zabel –, sag ich, Zabel –, warten Sie mal –

Achtundsechzigste Infanteriedivision, sagt er langsam, Regiment Sechsundsiebzig, später Strafbataillon Zwo-Vierunddreißig, erste Kompanie, dritter Zug. Na –?

Toll, sag ich, wie Sie das alles so im Kopf haben.

Übungssache, sagte er. Wenn man siebzehn Jahre Nummer war, kriegt man 'n Gedächtnis für Zahlen.

Zabel –, sag ich wieder; lassen Sie mich überlegen. Achtundsechzigste Infanteriedivision –?

Er nickt. Ihre Division, Herr Kriegsgerichtsrat.

Komisch; als er mich mit meinem alten Dienstgrad anredete, da sah ich den Zabel auf einmal wieder vor mir. Richtig, sag

– Curieusement, des tas de choses.»

Voilà maintenant que l'accidenté était de nouveau un malade. Le docteur lui tassa un peu l'oreiller sous la tête. «Comment cela?

– Je m'en vais vous le raconter. Ce sera sûrement utile, que je vous le raconte. N'est-ce pas, docteur, cela arrive, que l'on se sente mieux, une fois qu'une telle chose est sortie?

– J'sais pas, dit le médecin; le principe de la confession ne colle pas tout à fait, je crois, en médecine.

– Tant pis, dit l'accidenté avec violence; médecin ou curé ... l'essentiel, c'est que vous écoutiez.»

Le docteur jeta un coup d'œil à sa montre. «Bon. Mais pour l'amour du ciel, ne vous agitez pas.

– J'essaierai, dit précipitamment l'accidenté.

«Alors donc, je suis justement sur une quelconque affaire de divorce, et voilà que ce bonhomme entre. Les propos introductifs au sujet de l'emploi, je vous les passe. Si je me souviens encore du sergent Zabel, qu'il me demande alors soudainement.

«Désolé, lui dis-je. Et je l'avais d'ailleurs *effectivement* oublié; en fin de compte tout cela remontait à près de quatorze ans.

«Plus aucun souvenir ... ? demande-t-il.

«Zabel ..., dis-je, Zabel ..., attendez voir ...

«Soixante-huitième division d'infanterie, dit-il doucement, soixante-seizième régiment, plus tard bataillon disciplinaire deux trente-quatre, première compagnie, troisième section. Alors ...?

«Formidable, dis-je, la précision de vos souvenirs.

«Affaire d'exercice, dit-il. Quand on a été un numéro pendant dix-sept ans, on finit par avoir la mémoire des chiffres.

«Zabel ..., dis-je de nouveau; laissez-moi réfléchir. Soixante-huitième division d'infanterie ... ?

«Il acquiesce de la tête. Votre division, mon commandant.

«Curieux; dès l'instant qu'il m'appela par mon ancien grade, je revis subitement Zabel devant moi. Exact, dis-je: un grand ich: so 'n Langer, Dünner, stimmt's? Schlenkergang, Brille; immer so 'n bißchen fahrig im Wesen.

Genau.

Und –, frag ich; was ist mit ihm?

Er ist tot, sagt er mit so 'm unverschämten Unterton in der Stimme.

Ruhig, denk ich, halt an dich. Herrje, sag ich, dieser Scheißkrieg, was; was der auf 'm Gewissen hat –!

Den Zabel, sagt mein Besucher da und sieht mich an, den hat nicht der Krieg auf 'm Gewissen.

Nu bin ich vielleicht 'n bißchen überempfindlich; aber obendrein lag auch was drin in seinem Blick, das hätt jeden kribblig gemacht.

Ob er mal so nett wär, mir zu erklären, wieso er mich dabei so merkwürdig ankuckte, fragte ich ihn.

Dabei hat der Zabel nie schlecht von Ihnen gesprochen, sagt er, als hätt er mich gar nicht gehört. Obwohl – ich weiß nicht, ob Sie die Gepflogenheiten in so 'ner Strafkompanie kennen.

Jetzt machen Sie aber 'n Punkt, sag ich. Vielleicht geben Sie nun mir noch die Schuld, daß der Zabel –

Nicht doch, fährt er mir dazwischen; was heißt denn hier Schuld. Schuldig sind wir alle; da liegt der Unterschied nicht. Was wir aus unserm Schuldgefühl *machen*, wie wir uns einrichten mit ihm – darauf kommt's an.

Ich, kühl: Trotzdem würd ich jetzt doch ganz gern mal wissen, was Sie sich davon versprechen, daß Sie mir heute, im Jahr Achtundfuffzig, mit so 'ner delikaten Betonung erzählen, dieser Zabel wäre tot.

Er, provozierend: Ich möchte gern wissen, ob Sie sich noch daran erinnern, *wofür* Sie ihn damals verurteilt haben.

Ich, gelassen: Und ob; seiner Wehrpflicht wollte er sich entziehn.

Er: Sie verstehn mich falsch. Ich mein nicht die Formel, ich mein die Tat.

mince, pas vrai? Démarche dégingandée, lunettes; aux manières toujours un peu incontrôlées.

«Parfaitement.

«Et alors ..., demandai-je; de quoi s'agit-il à son sujet?

«Il est mort, dit-il avec un rien d'insolent dans la voix.

«Du calme, pensai-je, retiens-toi. Grand Dieu, dis-je, cette putain de guerre quand même, ce qu'elle a sur la conscience ... !

«Le gars Zabel, dit alors mon visiteur et me regarde, celui-là, ce n'est pas la guerre qui l'a sur la conscience.

«Bon, je suis peut-être un peu hypersensible; mais en plus il avait dans son regard quelque chose qui aurait mis les nerfs à vif à n'importe qui.

«Aurait-il, lui demandai-je, l'amabilité de m'expliquer pourquoi il me dévisageait si curieusement en me disant cela.

«Et pourtant Zabel n'a jamais parlé de vous en termes désobligeants, dit-il comme s'il ne m'avait absolument pas entendu. Bien que ... je ne sais pas si vous connaissez les habitudes dans ces compagnies disciplinaires.

«En voilà assez, dis-je. Si ça se trouve, c'est encore moi que vous allez rendre coupable de ce que Zabel ...

«Que non, me coupe-t-il; pourquoi parler ici de culpabilité. Coupables nous le sommes tous; la différence n'est pas là. Ce que nous *faisons* de notre sentiment de culpabilité, comment nous nous arrangeons avec lui ... c'est cela qui compte.

«Moi, fraîchement: Quand même, j'aimerais bien savoir maintenant ce que vous espérez en venant aujourd'hui, en l'an cinquante-huit, me raconter avec une si fine accentuation que ce Zabel est mort.

«Lui, provocant: J'aimerais savoir si vous vous rappelez encore *pourquoi* vous l'avez condamné cette fois-là.

«Moi, avec calme: Et comment; il a voulu se soustraire à ses obligations militaires.

«Lui: Vous me comprenez de travers. Je ne parle pas de la formule, je parle de l'acte.

Ich: ‹Tat›? Tat ist gut. Sie meinen: Delikt. Mitten im Winter ins Wasser gesprungen, und das kurz vor 'nem Großeinsatz – also, wenn Sie das 'ne Tat nennen wollen –

Und an seine Beweggründe, fragt er, an die erinnern Sie sich auch noch –?

Genau erinnerte ich mich noch an die; wir hatten ja damals extra noch 'n Heerespsychiater dazugeholt.

Simuliert, sag ich; von A bis Z; darüber waren sich sogar die Beisitzer einig.

Ich seh schon, sagt er, wieder mit so 'nem verdammten Überlegenheitston in der Stimme, und lehnte sich im Sessel zurück: ich muß da 'n bißchen richtigstellen. Sie haben doch 'n Augenblick Zeit?

Was sollt ich da sagen?

Also schön, sage ich; aber beeilen Sie sich, ich hab schließlich auch noch was andres zu tun.

Unbesorgt, sagt er, in 'ner Viertelstunde sind Sie mich los.

Dann fing er an.

Sie entsinnen sich noch, sagt er: es war im Winter Dreiundvierzig. Wir hatten Stellung an irgend 'nem Nebenfluß, ich glaube: vom Dnjepr, bezogen. 's war gerade mal Ruhe, und Zabel und ich vertraten uns 'n bißchen die Füße. Der Fluß führte Treibeis, und plötzlich kommt da auf 'ner irrsinnig rotierenden Scholle eine Katze, eine riesige schwarze Katze, angefahren. Gleich wurden überall Konservenbüchsen, Holzscheite und Schneebälle bereitgelegt, und wo nun immer das verängstigte Tier 'ne Schar johlender Landser passierte, da brach so ein Hagel von Wurfgeschossen über es rein.

Zabel sah sie nicht gleich; aber auf einmal blieb er stehn und hielt mich am Arm fest.

Mensch, ist das 'ne Katze?

Ja, sagte ich, 'n ganz hübsches Biest.

«Moi: ‹L'acte›? Elle est bien bonne. Vous voulez dire le délit. Se jeter à l'eau en plein hiver, et cela juste avant une opération de grande envergure . . . eh bien si vous appelez ça un acte . . .

«Et de ses mobiles, demande-t-il, vous vous en souvenez aussi . . . ?

«Je me souvenais avec précision de ceux-là; à l'époque nous avions même fait venir exprès un psychiatre de l'armée.

«Simulation, je dis; de A à Z; même les assesseurs étaient d'accord là-dessus.

«Je vois, dit-il, avec de nouveau un de ces maudits tons de supériorité dans la voix, et il se cala davantage dans le fauteuil: il faut que là je remette un peu les choses au point. Vous avez bien un instant?

«Que pouvais-je dire là-dessus?

«Bon, dis-je; mais dépêchez-vous, finalement j'ai encore autre chose à faire.

«Ne vous en faites pas, dit-il, dans un quart d'heure vous serez débarrassé de moi.

«Et il commença.

«Vous vous souvenez, dit-il: c'était pendant l'hiver quarante-trois; nous avions pris nos positions sur un quelconque affluent, du Dniepr je crois. C'était justement calme, et Zabel et moi, nous étions en train de nous dérouiller un peu les jambes. La rivière charriait des glaces flottantes, et soudain, sur un morceau en rotation folle, arrive un chat, un énorme chat noir. Immédiatement on s'est mis à rassembler partout des boîtes de conserve, des bûches et des boules de neige, et chaque fois que l'animal terrifié passait devant une bande de troupiers brailleurs, une véritable grêle de projectiles s'abattait sur lui.

«Zabel ne le vit pas tout de suite; mais d'un coup il s'arrêta et me prit par le bras.

«Non mais vise un peu, c'est-y un chat?

«Oui, dis-je, un beau brin de bestiole.

Und noch eh ich kapier, was er vorhat, schnallt er plötzlich sein Koppel ab, schlenkert im Rennen die Stiefel von den Füßen und rast wie besessen die Böschung runter zum Fluß. Das Randeis trug ihn noch, auch noch die dran angrenzenden Schollen, unter denen schon die Ausläufer der Strömung rumorten. Doch dann fing sein Wettlauf mit den frei schwimmenden Treibeisplatten an.

Ein paar Minuten ging sogar *das* noch gut; aber dann vergrößerten sich die Abstände zwischen den Schollen, er mußte springen, und auf einmal stieg eine der Platten schräg mit ihm auf, und Zabel rutschte ab und versank.

Ehrlich gesagt, 's war kaum einer unter uns, der ihm jetzt noch 'ne Chance gab. Auch die paar Pioniere, die dann mit ihrem Schlauchboot übers Eis gerannt kamen, konnten eigentlich bloß noch hoffen, ihn tot rauszufischen. Aber da passierte was Merkwürdiges. Die kreiselnde Eisscholle mit der platt draufgeschmiegten Katze stand plötzlich still, und dann trieb sie, als hätt sie auf einmal einen Außenbordmotor bekommen, quer gegen die Strömung und dicht ran ans Festeis. Und jetzt sah man auch Zabel auftauchen; er stemmte den Oberkörper über die Kante der Scholle, packte die Katze am Genick und schwamm noch ein paar Stöße mit ihr, bis die Pioniere ihn rauszogen.

Das Weitere ist Ihnen ja wohl bekannt.

Weiß Gott, sag ich.

Trotzdem, sagt er mit so 'ner störrischen Penetranz, daß mir wieder ganz kribblig wird; ich will's lieber noch mal repetieren; die Vergeßlichkeit spielt einem da oft die komischsten Streiche. Zabel bekam also 'ne Lungenentzündung, und als die ausgeheilt war, kam er vor 's Kriegsgericht, das ihn unter Ihrem Vorsitz –

– wegen Selbstverstümmelung, fall ich ihm ins Wort, Wehrkraftzersetzung und Untergrabung der Manneszucht zu zwei

«Et avant même que je pige ce qu'il a l'intention de faire, il dégrafe subitement son ceinturon, se débarrasse de ses bottes en envoyant des coups de pieds en l'air tout en courant, et dévale le talus comme un possédé, jusqu'à la rivière. La glace près de la berge le portait encore, de même les glaçons adjacents, sous lesquels gargouillaient déjà les ramifications du courant. Mais maintenant commençait sa course avec les plaques de glace qui flottaient isolées. Pendant quelques minutes, même *cela* s'est encore bien passé; mais alors les glaçons s'espacèrent, il lui fallut sauter, et l'une des plaques se redressa d'un seul coup à l'oblique avec lui, Zabel glissa et coula.

«Franchement, il ne se trouvait guère quelqu'un parmi nous à lui donner encore un espoir. Même les quelques sapeurs qui accoururent alors sur la glace avec leur canot pneumatique ne pouvaient espérer autre chose, au fond, que de le repêcher mort. Mais c'est alors qu'il se passa une chose singulière. Le glaçon en rotation, sur lequel le chat se tenait tapi à plat, s'arrêta soudain, puis, comme s'il avait été subitement doté d'un moteur hors-bord, se mit à remonter le courant en diagonale et vint tout près de la glace ferme. Et voilà qu'on vit aussi émerger Zabel; il hissa le buste par-dessus le bord du glaçon, empoigna le chat par la nuque et fit encore quelques brasses avec lui jusqu'au moment où les sapeurs le retirèrent de l'eau.

«La suite, vous la connaissez sans doute.

«Dieu sait, dis-je.

«Quand même, dit-il sur un de ces tons incisifs et obstinés qui me met de nouveau les nerfs en boule; je préfère répéter encore la chose; l'oubli vous joue souvent les tours les plus bizarres. Zabel a donc attrapé une pneumonie, et une fois celle-ci guérie, il a été traduit devant le tribunal militaire, lequel, sous votre présidence . . .

«. . . l'a condamné pour mutilation volontaire, le coupai-je, pour démoralisation de l'armée et atteinte à la discipline, à deux

Jahren Gefängnis und einem Jahr Strafkompanie verurteilte, ja; und das war nach Kriegsgesetzen noch milde.

Er, überheblich: Gemessen am Krieg, ist unter Umständen sogar noch 'n Kriegsgericht milde; ja, das ist wahr.

Ich, nu doch 'n bißchen massiver: Sparen Sie sich Ihre blöde Ironie. Ich hab noch nie für 'ne ungerechte Sache plädiert; und schon gar nicht im Krieg.

Er, lauernd: Ach –. Und warum hat Zabel sich dann nicht verteidigen dürfen?

Ich: Hab's Ihnen schon mal gesagt, glaub ich: Weil's simuliert war, das Ganze.

Er, anmaßend: Sie meinen, Sie hatten nicht das richtige Verständnis dafür.

Ich, ruhig: Das dürfte auf *Ihre* Bemühungen eher zutreffen.

Moment, sagt er; gleich mach ich mich Ihnen besser verständlich.

Zabel kommt also zur Strafkompanie. Die Katze hatte ich inzwischen an mich genommen; sie fuhr auf 'nem Troßwagen mit. Ich weiß nicht, warum: ich haßte das Tier und ich hing auch an ihm; hatte wohl beides mit Zabel zu tun. Leicht war's übrigens nicht, sie immer mit durchzukriegen, ich hab oft unglaubliche Tricks anwenden müssen. Aber dann platzte die Bombe doch eines Tages. Der Chef entdeckte sie; es gab Krach. Ich rechtfertigte mich; er brüllte mich an. Ich schrie zurück; und 's Ende vom Lied war 'n Vierteljahr Strafkompanie wegen Befehlsverweigerung und Beleidigung der Offiziersehre. Sie waren damals auf Urlaub; 'n uniformierter Jurastudent hat Sie vertreten. Er ließ jedoch mit sich reden, und so kam es, daß ich demselben Strafbataillon zugeteilt wurde, in das auch Zabel gesteckt worden war. Die Katze hatte man mir gelassen; allerdings wohl mehr, um sie loszuwerden, als um mir 'ne Freude zu machen. Zabel dagegen freute sich kaputt über ans de prison et un an de compagnie disciplinaire, effectivement; et selon les lois du temps de guerre c'était encore clément.

«Lui, avec arrogance: Si l'on se rapporte à la guerre, il se peut même qu'un tribunal militaire soit encore clément; oui, c'est vrai.

«Moi, quand même un peu plus fort maintenant: Epargnez-vous votre ironie idiote. Je n'ai jamais plaidé encore une cause injuste; et moins que jamais pendant la guerre.

«Lui, aux aguets: Ah bon ... Et pourquoi alors Zabel n'a-t-il pas pu se défendre?

«Moi: Je vous l'ai dit déjà, je crois: parce que c'était simulé, le tout.

«Lui, avec insolence: Vous voulez dire que vous n'aviez pas pour cela le degré de compréhension approprié.

«Moi, calmement: Cela me paraît plutôt s'appliquer à *votre* propos.

«Un instant, dit-il; je m'en vais me faire mieux comprendre.

«Zabel est donc envoyé à la compagnie disciplinaire. Le chat, je l'avais pris à moi dans l'intervalle; il se déplaçait avec nous dans un fourgon. Je ne sais pas pourquoi, mais je haïssais cet animal et en même temps j'y tenais; les deux sentiments étaient sans doute liés à Zabel. Ce n'était pas facile, d'ailleurs, de le faire toujours passer, j'ai souvent dû employer des ruses incroyables. Mais la bombe a bien fini par éclater un jour. Le chef l'a découvert; ça a fait du boucan. Je me suis défendu; il m'a engueulé. J'ai crié aussi; et la fin de l'histoire a été trois mois de compagnie disciplinaire pour refus d'obéissance et outrage à officier. Vous étiez en permission à l'époque; un étudiant en droit que l'on avait fourré dans un uniforme vous suppléait. Mais on pouvait s'arranger avec lui, et c'est ainsi que j'ai été versé au même bataillon disciplinaire que celui auquel on avait envoyé Zabel. Le chat, on me l'a laissé; sans doute, il est vrai, pour s'en débarrasser, plus que pour me faire plaisir. Zabel, sie, und sogar unsre Aufpasser freundeten sich mit ihr an. Wir hatten nachts vor den russischen Stellungen Minen zu räumen; tags wurde geschlafen. Aber immer konnte man natürlich auch nicht so abschalten, und einmal – ich entsinn mich noch genau:

's regnete in Strömen, und wir hatten 'ne Zeltplane vor den Eingang vom Unterstand gehängt, so daß es stockdunkel war drin, und durch das Atmen und Schnarchen der andern hindurch war auch deutlich das Schnurren der Katze zu hören, die immer an Zabels Fußende lag – einmal fragte er, ob er mir was erzählen könnte; 's wär nicht lang, aber wichtig für ihn, 's hätte mit dieser Katzengeschichte zu tun.

Ich hatte schon längst drauf gewartet, daß das mal käme. Schön, sagte ich; schieß los.

Du mußt 'ne Menge Jahre zurückdenken, fing er an; so 'n gutes Vierteljahrhundert vielleicht. Ich war acht damals, und Erwin war elf. Erwin, das war 'n Junge aus der Nachbarschaft; großmäulig, herrschsüchtig, stumpf: gibt Tausende von der Sorte. Wir strolchten immer draußen auf den Feldern rum, scheuchten Rebhühner hoch und fingen Eidechsen und Mäuse, und was sonst uns noch so in die Quere kam. Ich glaub, ich haßte Erwin; er war mir zu skrupellos. Doch irgendwie bewunderte ich ihn auch wieder; denn alles, was er anstellte, hätt ich mich allein nie zu machen getraut. Er wußte das; und er schlug seinen Profit draus.

Einmal fanden wir einen alten, umgedrehten Eimer; er stand mitten in einem Brennesselfeld, und die Sonne spiegelte sich in seiner blauen Emaille.

Erwin fing natürlich gleich an, mit seinem Knüppel rumzufuchteln; also, da wär mindestens ein Igel drin.

Na, na, sagte ich; wie kommste denn gerade auf Igel? Also, 'n Mäusenest, schön –

cependant, était fou de joie de sa venue, et même nos surveillants se prirent d'amitié pour lui. Nous avions à enlever des mines la nuit, devant les positions russes; le jour on dormait. Mais on ne pouvait pas toujours, bien sûr, déconnecter purement et simplement, et un jour – je me souviens parfaitement encore: il pleuvait à verse; et nous avions suspendu une toile de tente devant l'entrée de l'abri, ce qui fait qu'on n'y voyait rien à l'intérieur, et à travers la respiration et les ronflements des autres on entendait nettement aussi le ronronnement du chat qui était toujours étendu aux pieds de Zabel – un jour il me demanda s'il pouvait me raconter quelque chose; ce n'était pas long, dit-il, mais important pour lui, cela avait trait à cette histoire de chat.

«Il y avait longtemps déjà que je m'attendais à cela. Bien, dis-je; vas-y.

«Il faut que tu remontes un tas d'années en arrière, commença-t-il; un bon quart de siècle peut-être. J'avais huit ans à l'époque, et Erwin onze ans. Erwin, c'était un gamin du voisinage; grande gueule, despotique, insensible: y en a des milliers de comme ça. Nous vagabondions toujours dehors, dans les champs, faisions lever les perdrix, attrapions des lézards et des souris et tout ce qui venait encore se mettre en travers de nos pas. Je crois que je détestais Erwin; il manquait par trop de scrupules à mon gré. Pourtant, j'éprouvais aussi une certaine admiration pour lui; car tous les tours qu'il faisait, je n'aurais jamais osé les faire seul. Il le savait; et il en profitait.

«Un jour nous avons trouvé un vieux seau retourné; il se trouvait en plein milieu d'un champ d'orties, et le soleil se reflétait sur son émail bleu.

«Erwin, évidemment, se mit aussitôt à agiter sa trique dans tous les sens; ben là, dit-il, il y a au moins un hérisson dedans.

«Allons, allons, dis-je; qu'est-ce qui te fait penser spécialement à un hérisson? Bon, un nid de souris, je veux bien . . .

Aber da hatte sich Erwin schon über die Öffnung gebeugt und starrte mit angehaltenem Atem rein.

Mensch –! keuchte er plötzlich und prallte zurück, da sitzt 'n Tiger drin oder so was!

Und da kam es auch schon heraus: schwarzer Kopf, korngelbe Augen, Schnurrbarthaare wie Stahl und zwei wütend gefletschte Zahnreihen – 'ne Katze. Sie hatte die Pfoten auf den Eimerrand gestemmt und setzte wohl gerade zum Sprung an.

Erwin war Feuer und Flamme. Los! schrie er, die ziehn wir ab!, und ließ auch schon seinen Knüppel auf sie runtersausen, und die Katze fiel wimmernd ins Eimerinnere zurück. Jetzt war Erwin nicht mehr zu halten, sein Gesicht glühte, er packte den Knüppel mit beiden Fäusten und rammte ihn wie einen Pflasterstampfer wieder und wieder in die Eimeröffnung hinein.

Drauf! schrie er; los, mach mit, sonst haut sie uns ab!

Und da sprang es auch auf mich über. Ich riß mir 'ne Zaunlatte ab und stach mit ihr schreiend und keuchend auf die vor Angst und Schmerzen schon halb wahnsinnige Katze ein.

Zabel schwieg. Von den russischen Stellungen rüber war eine kurze MG-Salve zu hören. Die Katze hatte aufgehört zu schnurren; ihre Augen phosphoreszierten, sie schienen lidlos zu sein, so starr wirkte ihr Blick.

Weiter, sagte ich heiser.

Zabel holte tief Luft: 's war wie ein Alptraum; immer wieder tauchte dieses gefolterte Tiergesicht in dem Eimerrund auf, immer wieder wollte es hoch und ans Licht, und immer wieder riß es uns in seiner zerschundenen Hilflosigkeit zu neuen und grausameren Peinigungen hin. Erwin genügte es nämlich so jetzt nicht mehr, der Eimer war ihm im Weg. Mit dem Knüppel nahm er ihn auf, und hoch flog er über uns weg und rein in die Nesseln.

«Mais déjà Erwin s'était penché sur l'ouverture et fixait l'intérieur en retenant son souffle.

«Mince . . . ! haleta-t-il soudain et se rejeta en arrière, il y a un tigre là-dedans ou quéqu'chose de ce genre!

«Et voilà que déjà la chose sortait: tête noire, yeux jaunes blé, poils de moustache comme en acier et deux rangées de dents furieusement sorties . . . un chat. Ses pattes prenaient appui sur le rebord du seau, et probablement il s'apprêtait tout juste à sauter.

«Erwin était déchaîné. Allez! criait-il, nous allons le dépiauter! Et déjà il abattait sa trique sur l'animal, et le chat retomba à l'intérieur du seau en gémissant. Maintenant rien ne pouvait plus retenir Erwin, son visage luisait, il empoigna la trique des deux mains et, par l'ouverture du seau, se mit à en pilonner le fond comme avec une dame de paveur, encore et encore.

«Tape dessus, criait-il; allez, vas-y, sinon il va s'échapper!

«Et voilà que la furie se communiqua à moi aussi. J'arrachai une latte de la palissade et en donnai, criant et haletant, de grands coups sur le chat, déjà presque fou de peur et de douleur.

«Zabel se tut. Des positions russes nous parvenait le bruit d'une brève rafale de mitrailleuse. Le chat avait cessé de ronronner; ses yeux étaient phosphorescents. Ils paraissaient sans paupières, tant leur regard était fixe.

«Continue, dis-je d'une voix rauque.

«Zabel respira profondément: c'était comme un cauchemar; constamment cette face d'animal torturé réapparaissait dans l'ouverture ronde du seau, constamment elle voulait remonter et aller à la lumière, et constamment la bête, dans son impuissance de martyr, nous entraînait à lui infliger des tourments nouveaux et plus cruels. Pour Erwin, en effet, ce n'était plus suffisant ainsi le seau le gênait. Avec sa trique il le souleva et, lui faisant décrire une haute trajectoire au-dessus de nous, le projeta dans les orties.

Und da lag sie mit ihrem blutenden Maul, drehte sich hilflos im Kreis und konnte nicht weg; wir mußten ihr das Rückgrat gebrochen haben. Aber glaub nicht, daß wir aufhörten. Nein: Mord, Mord nur, Blutdurst und Rausch. Jedes der tausend und abertausend Jahre, die seit dem ersten Schritt von der Bestie zum Menschen vergangen sein sollen, war eine Lüge gewesen. Wir packten uns bei den Schultern und sprangen und trampelten mit unsern Nagelschuhen auf dem armseligen Kadaver herum, daß ihm die Eingeweide hervortraten, und wir keuchten und ächzten mit vor Anstrengung geschwollenen, schweißglänzenden Gesichtern, als ginge es um die inbrünstigste Arbeit der Welt.

Hab den Mut, mich weiter zu hören. Lagen da plötzlich neben unsern wahnsinnigen Füßen, und zur Hälfte noch von der Katze bedeckt, drei kleine unscheinbare Fellknäuel –: Junge; die Katze war tragend gewesen.

Ich weiß nicht, wie lang ich gebraucht hab, bis ich's begriff; dann schrie ich los.

Erwin, schrie ich, Erwin, hör auf!

Doch der hörte nicht; der sprang und trampelte immer noch keuchend auf der Katze herum. Da passierte es. Ich stürzte mich auf ihn; wir fielen hin; ich kriegte ihn an der Gurgel zu fassen, er schnappte nach Luft, er schlug um sich, er verdrehte die Augen;

egal, das sollte ihm alles nichts nützen: meine freie Hand umklammerte plötzlich einen Backstein, ich hob ihn auf, holte aus, brandrot stand der Stein einen Sekundenbruchteil vor der verlogenen Himmelskulisse, da bäumte Erwin sich auf, er warf sich zur Seite, ich versuch noch, ihn am Bein festzuhalten, er tritt mir ans Kinn, ich greif noch mal nach – zu spät, er ist frei: da rennt er über die Wiese.

Zabel warf sich auf seinem Strohsack zu mir herum; seine Stimme zitterte. Ich ließ ihn laufen; was ging er mich jetzt noch

«Le chat était maintenant là, par terre, avec sa gueule en sang, tournait en rond sans défense et ne pouvait s'échapper; nous avions dû lui briser l'échine. Mais ne crois pas que nous nous sommes arrêtés. Non: du meurtre, rien que du meurtre, de la soif de sang et de l'ivresse. Chacune des milliers et des milliers d'années qui sont censées s'être écoulées depuis le premier pas de l'état de bête à l'état d'homme a été un mensonge. Nous nous sommes pris par les épaules et avons sauté avec nos souliers à clous sur le malheureux cadavre, l'avons piétiné au point que ses entrailles en sortaient, et nous halètions et ahanions, nos visages gonflés par l'effort, luisants de sueur, comme s'il s'agissait du travail au monde réclamant le plus de ferveur. Aie le courage de m'écouter encore. Voilà que tout d'un coup il y avait, à côté de nos pieds fous, et à moitié recouverts encore par le chat, trois petites pelotes de poil inconsistantes . . .: des petits; c'était une chatte, et elle avait porté.

«Je ne sais pas combien il m'a fallu de temps pour comprendre ce qui s'était passé; alors je me suis mis à hurler.

«Erwin, criais-je, Erwin, arrête!

«Mais lui n'entendait pas; il continuait de se démener à sauter et à piétiner la chatte en haletant. C'est alors que ça a craqué. Je me suis jeté sur lui; nous sommes tombés à terre; j'arrivai à l'agripper à la gorge, il suffoquait, il battait l'air autour de lui, il roulait les yeux; tant pis, tout cela ne devait lui servir à rien: ma main libre s'accrocha subitement à une brique, je la soulevai, donnai un élan à mon bras, en rouge feu la brique se détacha une fraction de seconde sur la toile de fond mensongère du ciel, c'est alors qu'Erwin se cabra, se jeta sur le côté; j'essaie encore de le retenir par le pied, il m'en donne un coup au menton, j'essaie encore de le saisir . . . trop tard, il est libre: le voilà qui court à travers le pré.

«Zabel se retourna d'un coup vers moi, sur sa paillasse; sa voix tremblait. Je l'ai laissé courir; en quoi me regardait-il an? Nichts. Da der Tod ihn nicht mochte, war nun das Sterben an *mir*. Womit wäre meine Untat denn sonst wieder gutzumachen gewesen? Ich konnte ja noch nicht wissen, daß Tod aus Sühne auch nur Feigheit ist, und daß die wahre Sühne gelebt werden muß. Ich wählte den Betonpfeiler einer verwitterten Gartenmauer, senkte den Kopf und rannte dagegen. Zweimal; das erste Mal hatte ich Angst gekriegt und im letzten Moment den Arm hochgerissen; beim zweiten Mal blieb ich besinnungslos liegen.

Hörst du noch?

Ja, sagte ich.

Er schien im Dunkeln nach der Katze zu tasten; und gleich darauf sah ich am Fußende seines Strohsackes auch wieder ihre Augen aufgehn; gelb, gravitätisch und starr – zwei kalte Geisterpupillengestirne.

Alles, fuhr Zabel dann fort, ging vorbei: die Gehirnerschütterung, das Nervenfieber, die Schmerzen. Nur eins ging nicht weg. Die Katze.

Seine Stimme sank zu einem heiseren Flüstern herab: Sie kam jeden Tag, jede Nacht. Wenn ich aufwachte, saß sie am Bett. Wenn ich schlief, war sie in meinen Träumen. Ich wehrte mich; ich schlug nach ihr. Ich opferte ihr wie einem Götzen. Aber sie blieb; blieb und starrte mich an. Ich wurde zehn, zwölf; sie verschwand nicht.

Mein ganzes Leben war jetzt nur noch ein einziges Warten auf das Unausbleibliche. Ich kam aus der Schule, ich ging ins Zimmer: ich wußte, sie sitzt schon im Schrank, unterm Bett, auf dem Tisch. Aber das Furchtbarste war, daß sie nachher *doch* nie dort saß, wo ich vermutete; nicht sichtbar jedenfalls, man ahnte sie nur. Und es trat nun der Wahnsinn ein, daß ich sie suchte, daß ich mich danach sehnte, sie zu finden, nur um diese drohende Ungewißheit loszumaintenant? En rien. Comme la mort n'avait pas voulu de lui, c'était dès lors à *moi* de mourir. Par quoi mon forfait aurait-il autrement pu être réparé? Mais je ne pouvais pas savoir encore que la mort pour expiation n'est toujours que lâcheté, et que la véritable expiation doit être vécue. Je choisis le pilier en béton d'un mur de jardin rongé par le temps, baissai la tête et fonçai contre lui. Deux fois; la première fois j'avais pris peur et avais relevé le bras au dernier moment; la seconde fois je suis resté sans connaissance.

«Tu écoutes toujours?

«Oui, dis-je.

«Il paraissait chercher le chat à tâtons dans l'obscurité; et l'instant d'après je vis aussi apparaître de nouveau les yeux de celui-ci au pied de la paillasse; jaunes, graves et fixes ... les deux froides étoiles des prunelles d'un fantôme.

«Tout passa, poursuivit Zabel: la commotion cérébrale, les troubles nerveux, les douleurs. Une seule chose ne s'en alla pas. Le chat.

«Sa voix se réduisit à un filet rauque: il venait jour pour jour, nuit pour nuit. Quand je m'éveillais il était assis au bord de mon lit. Quand je dormais il était dans mes rêves. Je me défendais; je frappais dans sa direction. Je lui sacrifiais comme à une idole. Mais il restait; il restait et me fixait. J'ai eu dix ans, douze ans; il ne disparaissait pas. Toute ma vie, maintenant, n'était plus qu'une attente de l'inévitable. Je revenais de l'école, j'allais dans ma chambre: je le savais déjà assis dans l'armoire, sous le lit, sur la table. Mais ce qui était le plus épouvantable, c'est que finalement il n'était *quand même* jamais assis à l'endroit où je le présumais; pas visiblement en tout cas, on ne faisait que le deviner. Et il se déclencha alors cette folie que je le cherchais, que j'aspirais à le trouver, rien que pour me débarrasser de cette incertitude lourde de menace, de cette werden, dieses würgende Grauen, das sich jedoch, wenn ihre Augen dann endlich in einem dutzendfach abgetasteten Winkel aufglühten, zu einer noch viel lähmenderen Angst steigerte. Diese Augen... Diese Augen... Alles um mich herum versank in einen ziehenden Nebel, nichts blieb, nur diese gnadenlos starren und doch ganz innen auch wieder vibrierenden Pupillen. Ich wurde sechzehn, ich kam in die Lehre; die Katze kam mit. Ich wurde achtzehn, ich bekam eine Stelle; die Katze kam mit.

Dann kam der Krieg. Und sogar er war machtlos. Im Gegenteil, noch nie war sie mir so häufig erschienen wie jetzt. In jedem Ikonengoldpapierfetzen, in jeder eingeäscherten Kate glomm ihr Funkenblick auf; jede Sonnenblumenscheibe verwandelte sich in ihr Gesicht; in jedem Schützenloch hockte ihr Schatten;

es war plötzlich, als wären all die furchtbaren Jahre, in denen sie mir erschienen war, nur drohende Hinweise gewesen auf das, was jetzt täglich um mich geschah. Und ganz langsam fing ich an zu begreifen. Ich begriff, daß auch im Grauen, auch in der Angst eine Forderung steckt; die Forderung, etwas zu tun. Etwas, das das Grauen beschämt, das die Angst auslöscht.

Verstehst du jetzt, warum ich damals diese Katze hier retten mußte? Ich hab's nicht gemacht, um jene Untat zu sühnen; wie könnt ich das, ein Mord ist ja nicht ungeschehen zu machen; ich hab's getan, um meine Angst loszuwerden, um der getöteten Katze zu zeigen, daß ich endlich verstanden hatte, warum sie mir dauernd erschien.

Und –? fragte ich; wie hat sie sich darauf verhalten.

Sie ist seither nicht wiedergekommen, sagte Zabel.

Es war mein letztes Gespräch mit ihm. Zwei Tage später trat er auf eine Mine; er hatte die Katze gesucht, die im Vorfeld horreur suffocante qui pourtant, lorsque les yeux du chat se mettaient enfin à luire dans un coin que j'avais exploré des douzaines de fois, s'intensifiait en une terreur bien plus paralysante encore. Ces yeux ... Ces yeux ... Autour de moi, tout sombrait dans une traînée de brouillard, rien ne subsistait, sauf ces prunelles d'une impitoyable fixité qui pourtant vibraient aussi, tout au fond. J'ai eu seize ans, je suis entré en apprentissage; le chat m'a accompagné. J'ai eu dix-huit ans, j'ai trouvé un emploi; le chat m'a accompagné.

«Puis vint la guerre. Et même elle, elle n'y a rien pu. Au contraire, jamais encore il ne m'était apparu aussi fréquemment que maintenant. Dans chaque lambeau de papier doré d'une icône, dans chaque chaumière incendiée surgissait l'étincelle de son regard; chaque disque de tournesol se transformait en sa face; dans chaque trou d'homme était nichée son ombre; c'était subitement comme si toutes les épouvantables années pendant lesquelles il m'était apparu n'avaient été que des annonces menaçantes de ce qui, maintenant, se produisait quotidiennement autour de moi. Et tout doucement je me mis à comprendre. Je compris que même l'horreur, même la terreur renferment une provocation; la provocation à faire quelque chose, quelque chose qui fasse honte à l'horreur, qui efface la terreur.

«Comprends-tu maintenant pourquoi il me fallait, à l'époque, sauver ce chat-ci? Je ne l'ai pas fait pour expier mon forfait; comment le pourrais-je ... un meurtre, c'est évident, ne peut pas être réparé; je l'ai fait pour me débarrasser de ma terreur, pour montrer au chat tué que j'avais enfin compris pourquoi il m'apparaissait sans cesse.

«Et alors, demandai-je, comment s'est-il comporté par la suite?

«Il n'est plus revenu depuis, dit Zabel.

«Ce fut ma dernière conversation avec lui. Deux jours plus tard il posa le pied sur une mine; il avait été à la recherche du auf Mäusejagd war. Wir hörten nur die Detonation; zu finden war nachher bloß, was der Luftdruck von ihm übriggelassen hatte. 's war nicht sehr viel; aber 's genügte, um ihn zu identifizieren. Von der Katze war auch noch 'n bißchen zu sehn; er mußte sie schon auf'm Arm gehabt haben.

Also, Tatsache, sag ich, nu wüßt ich ja doch mal ganz gern, warum Sie mir das alles so haarklein erzählen.

Mein Besucher lächelt auch noch: Offengestanden, *Ihnen* hab ich's eigentlich gar nicht erzählt.

Na, nu machen Sie'n Punkt! sag ich; wem denn dann?

Ihrem Gewissen, sagt er.

Also, der konnte von Glück sagen, daß in dem Augenblick gerade meine Sekretärin reinkam. 'n wichtiger Klient war da. Ich ging raus und fertigte ihn ab. Als ich zurückkam, da war dieser komische Spätheimkehrer, oder als was er sich ausgegeben hatte, verschwunden.»

Der Verunglückte seufzte. «Ehrlich gesagt, ich war nicht gerade traurig darüber. Ich steck mir eben 'ne Brasil ins Gesicht, um wieder 'n bißchen zu mir zu kommen, da seh ich, er hat mir was dagelassen; 'ne Photographie liegt auf meiner Schreibunterlage. Ziemlich schmuddliger Fetzen; man merkte, er war schon 'ne ganze Weile mit rumgeschleppt worden. Na, ich nehm an, Doktor, Sie können sich denken, was drauf war.»

Der Arzt nickte. «Nicht schwer zu erraten.»

«Die Katze, ja.» Der Verunglückte gab sich Mühe, ein Lächeln zustande zu bringen; es gelang aber nicht, die Schmerzen waren wiedergekommen, die Wirkung der Morphiumspritze ließ nach.

«Übrigens gar nicht mal irgend 'ne besondere Katze, nein; 'ne ganz gewöhnliche Feld-, Wald- und Wiesenkatze. Anscheinend hatte sie sich auch noch drüber geärgert, daß sie photographiert werden sollte –»

chat qui chassait la souris en avant de notre ligne. Nous avons seulement entendu la détonation; tout ce qu'on a pu trouver ensuite, c'est ce que le souffle avait laissé de lui. Ça n'était pas grand-chose; mais ça suffisait pour l'identifier. Du chat il restait un peu à voir aussi; il avait dû le porter déjà sur le bras.

«Eh bien vraiment, dis-je, maintenant j'aimerais bien savoir quand même pourquoi vous me racontez minutieusement tout cela.

«Mon visiteur ose encore sourire: à vrai dire, ce n'est pas du tout à *vous*, au fond, que je l'ai raconté.

«Eh, faut pas charrier, dis-je; à qui donc, alors?

«A votre conscience, dit-il.

«Vous savez, il peut s'estimer heureux, celui-là, que ma secrétaire soit entrée à ce moment précis. Un client important était là. Je suis sorti pour régler son affaire. Quand je suis revenu, ce drôle de rapatrié, ou ce qu'il avait prétendu être, avait disparu.»

L'accidenté soupira. «A franchement parler, je n'en étais pas précisément chagriné. Je suis tout juste en train de me mettre un bon cigare aux lèvres pour récupérer un peu, quand je m'aperçois qu'il m'a laissé quelque chose; une photo se trouve sur mon sous-main. Un lambeau passablement malpropre; on voyait qu'il avait déjà été trimballé pas mal de temps. Alors, Docteur, je suppose, que vous pouvez imaginer ce qu'il y avait dessus.»

Le médecin opina de la tête. «Pas difficile à deviner.

– Le chat, oui.» L'accidenté fit effort pour produire un sourire, mais il ne réussit pas; les douleurs étaient revenues, l'effet de l'injection de morphine s'atténuait.

«D'ailleurs ce n'était même pas une espèce particulière de chat, non; un simple chat de gouttière, tout-à-fait quelconque. Apparemment il s'est aussi mis en colère parce qu'on a voulu le photographier . . .

«Weiß nicht, ob das bloß Ärger ist», unterbrach ihn der Arzt.

«*Was?*»

«Daß sie so wütend das Maul aufreißt und die Krallen aus den Pfoten gespreizt hat.»

Der Verunglückte hob zitternd den dick verbundenen Kopf. «Woher wissen Sie das?» Seine Stimme klang heiser.

«Woher wohl.» Der Arzt stand auf. «Von dem Photo natürlich. Es war das einzige, was in Ihrem ausgebrannten Wagen vom Brieftascheninhalt noch übrig war.»

## Günter Grass: Meine grüne Wiese

Meine Wiese ist nicht groß. Vom Stuhl aus gesehen steigt sie etwas nach links, mischt sich dort mit den Schatten einiger Nußbäume. Der Stuhl, mein Stuhl ist gewöhnlicher Art. Kaum würde er den Ansprüchen eines Liebhabers moderner Möbel genügen. Er ist zu unbequem, zwingt zum Denken, seine ganze unruhige Vierbeinigkeit erinnert an einen Hengst und mahnt zum Aufbruch. Dennoch sitze ich einen Teil des Tages auf diesem Stuhl und überwache meine Wiese.

In Spanien sah ich einen Platz. Auch er, wie meine Wiese, stieg vom Stuhl gesehen etwas nach links. Nicht weit von meiner Pension ergab sich dieser Platz, eigentlich lag er zwischen dem Hafen und der Pension. Ich saß dort oft. Es waren sicher nicht die Farben, an der Hafenmauer lagen, dicht vor dem Himmel drei Kohlenberge, die mich veranlaßten, hier Platz zu nehmen. Vielleicht war es die Lotterieverkäuferin, ihre Stimme hatte einige leidvolle Schwingungen, die sich von dem Platz deutlich abhoben. Vielleicht saß ich aber auch dort, weil der Stuhl von jener gewöhnlichen Art war, wie ich sie bei mir

– J'sais pas, si c'est seulement de la colère, coupa le médecin.

– *Quoi?*

– Qu'il montre si furieusement les dents et qu'il écarte ainsi ses griffes toutes dehors.»

L'accidenté leva en tremblant sa tête à l'épais bandage. «Comment savez-vous cela?» Sa voix sonnait rauque.

«Comment croyez-vous?» Le médecin se leva. «Par la photo, bien sûr. C'est tout ce qui restait du contenu de votre portefeuille, dans votre voiture brûlée.»

## Günter Grass: Mon pré vert

Mon pré n'est pas grand. Vu depuis la chaise, il remonte un peu vers la gauche, se mêle là-bas à l'ombre de quelques noyers. La chaise, ma chaise, est d'une espèce quelconque. Elle ne satisferait guère les exigences d'un amateur de meubles modernes. Elle est trop inconfortable, force à penser, sa quadrupédie tourmentée fait penser à un étalon et exhorte au départ. Et pourtant je passe une partie de la journée assis sur cette chaise et je surveille mon pré.

En Espagne j'ai vu une place. Elle aussi, comme mon pré, remontait un peu vers la gauche, vue depuis la chaise. Elle se dégageait non loin de ma pension, cette place, en fait elle était située à mi-chemin entre le port et la pension. J'y étais souvent assis. Ce n'étaient certainement pas les couleurs (sur le quai du port, juste devant le ciel, s'étendaient trois montagnes de charbon) qui m'incitaient à m'installer ici. Peut-être était-ce la vendeuse de billets de loterie, sa voix avait quelques frémissements douloureux qui se détachaient nettement de la place. Mais peut-être aussi m'asseyais-je là parce que la chaise y était de la même espèce quelconque que j'héberge chez moi. Si maintezu Hause beherberge. Wenn ich nun sage, es war sehr heiß dort, muß ich wohl noch berichten, um genau auszudrücken wie heiß es war, daß ich in Denia mittags einen Mann gesehn hatte, der mit einem gewöhnlichen Luftgewehr nach der Sonne schoß. So heiß war es also und ich mußte oft an meine Wiese denken und an meinen Freund, der manchmal gegen Abend kam, mir riet, weil er meine Not kannte: «Laß doch einen hübschen kleinen Springbrunnen graben, dann hast du alles was du willst und brauchst nicht mehr zu grübeln.» So riet der Freund mir und meinte es sicher gut.

Nein, ich wollte den Springbrunnen nicht, ganz gewiß nicht. Wie lange und vergeblich wartete ich nun schon, wartete, daß das Grün einmal nachgeben würde, zum Fluten käme, daß sich ein Fisch, nur ein einziger, vielleicht ein Goldfisch zwischen den Gänseblümchen bewegen würde. Mein Freund riet mir damals eine Reise zu machen, ich widersprach, da ich mich schlecht andernorts wohlfühle, er jedoch ließ nicht locker, brachte mir Prospekte und Reiseführer, sagte hier sei es billig, dort seien die Leute freundlich. Am Ende willigte ich in die Spanienreise ein, eigentlich nur weil ein bestimmter Prospekt recht hübsch war und einen bunten Fisch zeigte.

Ich habe vor mehr als sechs Jahren meine Studien unterbrochen, habe mich auf meine Wiese gesetzt, habe gewartet. Nichts zeigte sich außer gelbschnäbligen Amseln. In Spanien habe ich nicht warten müssen, nicht lange warten müssen. An jedem Nachmittag auf dem Platz, angesichts der Kohlenberge vor dem Himmel, liefen die Boote pochend in den Hafen ein. Kaum hatte die Hitze den letzten Motor verschluckt, klommen Krabben und Langusten, auch Taschenkrebse und vielarmiges schlüpfriges Fleisch über die Mauer, über die Steine. Hinter sich nasse Spuren, fielen sie über den Platz her, lärmten dort mit ihrem Werkzeug, verbogen die Lichtmaste, auch meinen Blick, der immerhin einige Zeit versucht hatte, diesem schrecklichen Zuwachs aufrecht zu begegnen. Nun, dachte ich, das ist eben nant je note encore qu'il faisait très chaud là-bas, je me dois sans doute d'ajouter, pour exprimer avec précision à quel point il faisait chaud, qu'à Denia j'avais vu à midi un homme qui tirait sur le soleil au moyen d'une simple carabine à air comprimé. Voilà donc combien il faisait chaud, et j'étais fréquemment amené à penser à mon pré et à mon ami qui venait parfois vers le soir et me conseillait, connaissant ma difficulté: «Fais-toi donc creuser une jolie petite fontaine à jet d'eau, tu auras alors tout ce que tu souhaites et tu n'auras plus besoin de te creuser la tête.» Voilà ce que me conseillait mon ami, et son intention était assurément bonne. Non, je ne voulais pas du jet d'eau, très certainement non. Depuis combien de temps, attendais-je, attendais-je en vain que le vert finît par céder, se mît à couler, qu'un poisson, un seul, peut-être un poisson rouge, se déplaçât entre les pâquerettes. Mon ami, à l'époque, m'a conseillé de faire un voyage; je n'étais pas d'accord, car j'ai du mal à me sentir à l'aise ailleurs, mais lui ne cédait pas, m'apportait des dépliants et des guides, me disait qu'ici l'on vivait bon marché, que là les gens étaient aimables. A la fin je consentis au voyage en Espagne, en réalité simplement parce qu'un certain prospectus était fort plaisant et montrait un poisson bigarré.

J'ai interrompu mes études il y a plus de six ans, me suis installé dans mon pré, ai attendu. Rien ne s'est montré, à part des merles au bec jaune. En Espagne il ne m'a pas fallu attendre longtemps. Tous les après-midi, sur la place, face aux montagnes de charbon devant le ciel, les bateaux entraient en haletant dans le port. A peine la chaleur avait-elle englouti le dernier moteur, que déjà des crevettes et des langoustes, et aussi des tourteaux et de la chair tentaculaire visqueuse, se hissaient par-dessus le quai, par-dessus les pierres. Laissant derrière eux des traces humides, ils envahissaient la place, y faisaient du tapage avec leurs outils, tordaient les lampadaires, de même que mon regard qui avait essayé quand même, pendant quelque temps, de rencontrer cette effrayante multiplication en restant

Spanien und wollte der Geschichte nicht weiter angehören. Meine Wiese, dachte ich, am Sonntag spielen sie Fußball in der Nachbarschaft, deutlich höre ich diesen trockenen Ton, wenn Ball und Schuh sich berühren. Diese merkwürdigen Schuhe. Die jungen Leute kaufen sie sich, sie sind sicher recht teuer, pflegen sie aufmerksam und fast mit Liebe. Solcher Art Schuhe sollte man in Spanien tragen. Ich hätte solche Schuhe in Spanien tragen sollen. Über den Platz wäre ich dann gegangen, mitten hindurch durch Krabben und Langusten, hätte vieles verhindern können. Ich habe gehört, in die Spitzen dieser besonderen Schuhe seien Stahlkappen eingearbeitet.

Es wäre eine Wonne gewesen, über den Platz zu gehen, durch die Krabben hindurch, im sicheren Glauben an diese Art Schuhe. Über meine Wiese laufe ich barfuß. In Spanien trug ich leichte Sandalen und eine Hose, in Barcelona gekauft. Aus dünnem Stoff war sie, Stoff, der sich angenehm faßte, aber leicht knitterte.

«Mein Gott, jetzt geht das Kind über den Platz!» So rief ich damals. «Pepita, Pepita!» Welch ein leichtgezeichnetes Kind. Es drehte sich vorsichtig um, winkte mir freundlich, wir kannten uns von den Mahlzeiten in der Pension her, bückte sich dann, hob eines dieser scherenbehafteten Tiere und sprach dann, eigentlich nur zu mir, in etwas belehrendem Ton: «Siehst du, das ist Jesus Christus, der sein Blut für uns gab.» Dann öffnete das Kind sein weißes Kleid und führte das schrecklich bewaffnete Tier an seine noch sehr kleine Brust. «Pepita», rief ich, «deine Eltern werden fortan in Kummer leben müssen.» Vergeblich, sofort färbte der Stoff, Pepitas Kleid sich rot und immer dunkler, das Kind lächelte etwas altklug und verging vor meinen verlegenen Augen. Ich ging in die Kirche und versuchte Andacht zu finden. Es war schwer. Draußen ereignete sich der Abend, im benachbarten Cinema Sol lärmte ein Mikymaus-Film über die Leinwand. Am Ende betete ich: «Herr, wenn du willst, daß ich heimkehre, gib, daß ein Fisch über meiner Wiedroit. Bon, pensais-je, c'est cela l'Espagne, et je ne voulais plus continuer d'appartenir à cette histoire. Mon pré, songeais-je, le dimanche ils jouent au football dans le voisinage, j'entends distinctement ce bruit sec, quand le ballon et la chaussure viennent à se toucher. Ces curieuses chaussures. Les jeunes gens se les achètent, elles sont sûrement fort chères, ils les entretiennent soigneusement, presque avec amour. Des chaussures de cette espèce, on devrait en porter en Espagne. J'aurais dû porter de telles chaussures en Espagne. J'aurais alors traversé la place, passant en plein milieu des crevettes et des langoustes, j'aurais pu prévenir bien des choses. Il paraît que dans les pointes de ces chaussures particulières on a incorporé des calottes d'acier. C'eût été une volupté, de passer sur la place à travers les crevettes, en faisant entièrement confiance à ces chaussures. Sur mon pré je marche pieds nus. En Espagne je portais des sandales légères et un pantalon acheté à Barcelone. Il était fait d'étoffe mince, d'étoffe agréable au toucher mais qui froissait facilement.

«Mon Dieu, voilà que cette enfant traverse la place!» C'est ce que je m'écriai alors. «Pepita, Pepita!» Quelle silhouette légère que celle de cette enfant. Elle se retourna prudemment, me fit un signe d'amitié, nous nous connaissions de par les repas à la pension, se baissa ensuite, ramassa l'un de ces animaux bardés de pinces et déclara en fait à ma seule intention, sur un ton légèrement sentencieux: «Vois-tu, ceci est Jésus-Christ qui a donné son sang pour nous.» Puis l'enfant ouvrit sa robe blanche et porta cet animal terriblement armé à sa poitrine encore petite. «Pepita, m'écriai-je, tes parents vont devoir vivre désormais dans le chagrin.» En vain; immédiatement l'étoffe, la robe de Pepita, se colora de rouge, d'un rouge de plus en plus foncé, l'enfant sourit avec un petit air de maturité précoce, et disparut sous mes yeux embarrassés. Je me rendis à l'église pour trouver le recueillement. C'était difficile. Dehors se produisait la soirée, au Cinema Sol d'à côté un film de Mickey tintamarait sur l'écran. Pour finir je priai: «Seigneur, si vous voulez que je se ist.» Zur Nachtzeit, nachdem ich das zweite Filmprogramm abgewartet hatte, seufzte ich immer noch: «Pepita, Pepita, deine armen Eltern.» Keinen besseren Rat wußte ich mir, als ein Papier zu nehmen und eines Kindes Tod um Weniges zu verklären.

Am Hafen liegen Kohlen,
die sind schwarz, nur schwarz.
Pepita, zieh dein weißes Kleid an.

Dein Fleisch ist neu.
Rufe die Fliegen nicht
und die Finger,
die nach den Zeitungen tasten.
Sinnlos ist deine Zunge.
Pepita, Pepita, was heißt Pepita.

Am Hafen liegen Kohlen,
am Himmel verlöschen die Fische
und ihre Gräten, Gitarren, Pepita.
Oder der Tod, ein Tourist
setzt sich und nimmt die Sonnenbrille ab.
Pepita, ruft er, komm her,
bringe die Zeitung,
wir wollen Kreuzworträtsel lösen, – Pepita.

Am Hafen liegt Salz,
weiß und verblendet.
Pepita, zieh dein schwarzes Kleid an.

Nun, da ich wieder auf meinem Stuhl am Rand meiner Wiese sitze, lesen sich diese Zeilen gut. Ich erinnere mich, daß ein Freund einmal zu mir in einer begeisterten Stunde sagte: «Daß du einen Bleistift nehmen kannst, um einen Kreis auf ein Papier rentre chez moi, faites qu'il y ait un poisson par-dessus mon pré.» En pleine nuit, après avoir attendu la seconde représentation du cinéma, je soupirais toujours: «Pepita, Pepita, tes pauvres parents.» Je ne trouvai rien de mieux que de prendre une feuille de papier et de sublimer quelque peu la mort d'une enfant.

Sur le port s'entasse du charbon,
qui est noir, rien que noir.
Pepita, mets ta robe blanche.

Ta chair est neuve.
N'appelle pas les mouches,
ni les doigts
qui cherchent à saisir les journaux.
Elle est absurde, ta langue.
Pepita, Pepita, que veut dire Pepita.

Sur le port s'entasse du charbon,
au ciel s'éteignent les poissons
et leurs arêtes, guitares, Pepita.
Ou bien la mort, un touriste
s'assied et ôte ses lunettes de soleil.
Pepita, appelle-t-il, viens par ici,
apporte le journal,
nous ferons ensemble des mots croisés, . . . Pepita.

Sur le port s'entasse du sel,
blanc et ébloui.
Pepita, mets ta robe noire.

Maintenant que me voilà de nouveau assis sur ma chaise au bord de mon pré, ces lignes se lisent bien. Je me rappelle qu'un ami m'a dit un jour, dans un moment d'enthousiasme: «Le fait que tu puisses prendre un crayon pour tracer un cercle sur un bout zu zeichnen, dann weiterhin noch sagen kannst, siehst du, das ist die Sonne, beweist, daß der Mensch gottähnlich ist.» Genau so ist es mit diesem Blatt und lese ich, Pepita, Pepita, so sinnlos dieser Name ist, hat er dennoch alles Blut auf seiner Seite. Doch meine Wiese ist grün. Das Grün steigt etwas nach links, ermüdet mich. Nichts ist an ihr, was meinen Blick verweilen ließe, gleich einem Punkt, der das Ende eines wichtigen Satzes bedeutet.

Seitdem ich die Arie gehört habe, denke ich mir eine Diagonale über die Wiese. Es war am selben Ort, angesichts der Kohlen. Ich hatte mir etwas Kühles, Weißbläuliches bestellt, was dennoch keine Milch war. Der Mann ging über den Platz, mitten durch die Sonne und sagte, nicht einmal laut: «Mein Herr, ich singe jetzt die Arie von der Diagonale und bitte sie um einige Aufmerksamkeit.» Dieses gesagt, stellte er den rechten Fuß vor, hob all seinen Glanz in die Brust, noch höher und sang dann. Wenn ich jetzt an der Wiese sitze und den Stuhl ermüde, erinnere ich mich des Kehrreimes, der ungefähr lautete:

Ein Hund bellt, die Peitsche knallt,
ich schlug das Buch und alle Türen zu,
o schwarze Diagonale.

Er sang diesen Vers wie ein Tenor. Doch was sagt das Tenor? Wäre es nicht deutlicher so beschrieben: Sein Ton, die Reihe seiner Töne fiel auf den Platz, es waren die wertvollen Schuppen eines Fisches. Ich stand auf, wollte sammeln und in meine Börse tun, wie man es in bestimmten Gegenden am Silvesterabend mit den Schuppen des Karpfens tut, doch die Sonne strafte mich, der Kellner kam, ich hatte ihm nicht geklatscht, und sagte: «Mein Herr?» So saß ich wieder. Als der Tenor endete, wartete er meinen hastigen Applaus ab, nahm sodann sein rechtes Bein zurück und ließ vernehmen: «Mein Herr, sie hörten die Arie von der Diagonale, welche man auch den Weg der drei Cabalde papier, et que tu puisses ensuite persister à dire, vois-tu, ceci est le soleil, c'est la preuve que l'homme ressemble à Dieu.» Il en est de même avec cette feuille, et je lis, Pepita, Pepita, si absurde que soit ce nom, il a néanmoins tout le sang de son côté. Mais mon pré est vert. Le vert remonte un peu vers la gauche, me fatigue. Il n'a rien qui retienne mon regard comme le ferait un point qui marque la fin d'une phrase importante.

Depuis que j'ai entendu l'air, j'imagine une diagonale à travers le pré. C'était au même endroit, au vu du charbon. J'avais commandé quelque chose de rafraîchissant, blanc-bleuâtre, qui n'était cependant pas du lait. L'homme traversa la place, en plein soleil, et dit, sans même hausser la voix: «Monsieur, je vais chanter maintenant l'air de la Diagonale, et je vous prie de m'accorder quelque attention.» Ceci ayant été dit, il avança le pied droit, rassembla tout son éclat dans sa poitrine, encore plus haut, et se mit à chanter. Assis maintenant au bord de mon pré, en train d'épuiser ma chaise, je me souviens du refrain qui s'exprimait à peu près ainsi:

> Un chien aboie, le fouet claque,
> j'ai fermé précipitamment le livre et toutes les portes,
> ô noire diagonale.

Il chantait cette strophe comme un ténor. Mais que veut dire ténor? Les choses ne seraient-elles pas décrites plus clairement ainsi: le son, la série de ses sons, se répandaient sur la place, ils étaient les précieuses écailles d'un poisson. Je me levai, dans l'intention d'en ramasser et de les mettre dans mon porte-monnaie comme on fait dans certaines régions à la Saint-Sylvestre avec les écailles de carpes, mais le soleil me punit, le garçon arriva, je ne l'avais pas appelé, et me dit: «Monsieur?». Je me retrouvai donc assis. Lorsque le ténor s'arrêta, il attendit mes hâtifs applaudissements, retira ensuite son pied droit et énonça: «Monsieur, vous venez d'entendre l'air de la Diagonale, que l'on leros nennt.» Schon bei den ersten Worten trat er zurück, drei Burschen mit gemacht ernsten Gesichtern, die Arme verschränkt, in weißen Hemden, überquerten den Platz, langsam, mit geübtem Schritt, diagonal über den Platz, dorthin wo die Aufbauten des Baggers über der Hafenmauer rosteten. Ein Kommando ließ sich aus der Richtung der Fischhalle los, eine Salve aus sorgfältig ausgerichteten Gewehren schlug über den Platz und streckte die drei Caballeros nieder. Das also ist es, was man in Spanien unter einer Diagonale versteht, und die Tenöre wissen Arien zu singen, die solcher Art Diagonale beschreiben. Wenn ich Tenor oder Tenöre sage, meine ich eine Reihe von Tönen, die auf den Platz fallen, kostbare Fischschuppen, ich wollte sie sammeln, doch der Kellner rief: «Mein Herr?» Ich sank in den Stuhl zurück, hörte das Ende der Arie, die kurze Erklärung des Tenors, sah drei Caballeros, hörte die Salve, sah ihren Hemden zu wie sie dunkel wurden und schwer, dachte an Pepita, als ihr Blut zum Kleid wurde und versuchte all dieses Rot gegen das Grün meiner Wiese zu tauschen.

Nein, es ist mir nicht gelungen. Noch heute glaube ich, daß, wer sich auch immer entschließen mag, nach Spanien zu reisen, vorher wissen muß, daß man dortzulande Hemden und Kleider öffentlich färbt, daß man der Arie von der Diagonale nicht entgehen kann. «Herr, wenn du willst, daß ich heimkehre», so betete ich damals, nachdem ich gezahlt hatte und gegangen war, «Herr gib, daß über meiner Wiese ein Fisch ist, dem mein Auge nachschwimmt, bis es Anteil hat an seiner Kühle».

Als ich vor einigen Tagen auf meinem Stuhl einschlief, ich hatte in einem Roman gelesen, dessen Seiten oben ankündigen, was unten schon wieder die Treppen sucht, seine Richtung nennt und Handlung treibt, erwachte ich etwas lahm und verbogen an jenem unmäßigen Gelächter, welches mein Freund oft in meiner Gegenwart übt. Er stand da, gab mir seine gewohnten Ratschläge, wies auf den Roman. «Er ist schlecht», sagte ich, «ohne Geduld, sooft sich Gelegenheit gibt im Detail zu leben, beschreibt appelle aussi le Chemin des trois Caballeros.» Dès les premiers mots il avait fait quelques pas en arrière, trois gars au visage intentionnellement grave, les bras croisés, en chemise blanche, traversaient la place avec lenteur, d'un pas exercé, en diagonale vers l'endroit où les superstructures de la drague étaient en train de rouiller par-dessus le quai. Un ordre se détacha, du côté de la halle au poisson, une salve issue de fusils soigneusement pointés claqua sur la place et abattit les trois caballeros. C'est donc cela que l'on entend en Espagne par une diagonale, et les ténors savent chanter des airs qui décrivent des diagonales de ce genre. Si je dis ténor ou ténors, je veux parler d'une série de notes qui tombent sur la place, précieuses écailles de poisson que j'avais voulu ramasser, mais le garçon s'était écrié: «Monsieur?». Je retombai sur ma chaise, écoutai la fin de l'air, la brève explication du ténor, vis les trois caballeros, entendis la salve, regardai leurs chemises, comme elles devenaient sombres et lourdes, pensai à Pepita la fois où son sang était devenu robe, et essayai d'échanger tout ce rouge contre le vert de mon pré.

Non, je n'ai pas réussi. Même aujourd'hui je crois toujours que si quelqu'un, qui que ce soit, décide de se rendre en Espagne, il doit savoir préalablement que l'on teint là-bas les chemises et les robes en public, que l'on ne peut échapper à l'air de la Diagonale. «Seigneur, si vous voulez que je rentre chez moi, priais-je alors, après avoir payé et m'en être allé, Seigneur, faites qu'il y ait un poisson par-dessus mon pré, dont mon œil suive la nage jusqu'à ce qu'il ait part à sa fraîcheur».

Après m'être endormi il y a quelques jours sur ma chaise (j'étais en train de lire un roman dont le haut des pages annonçait ce qui, en bas, courait de nouveau vers l'escalier, qui définissait son orientation et s'adonnait à l'action), je fus tiré de mon sommeil, un peu raide et tordu, par le rire démesuré que mon ami pratique souvent en ma présence. Il était debout devant moi, me prodiguait ses conseils habituels, désigna le roman. «Il est mauvais, dis-je, n'a pas de patience; chaque fois der Held der Geschichte eine große Bewegung und beschließt eine Reise zu machen.» «Nun», sagte mein Freund, «auch du bist damals verreist und hast dich zerstreut. Du solltest auch weiterhin einiges tun, versuch es doch mit dem Brunnen oder heiraten solltest du. Nimm eine junge Frau, das ist der beste Fisch». So sprach er und lachte übermäßig.

Nein, ich will keinen Brunnen und heiraten? Wenn ich bedenke, jeden Abend stünde sie da in weißem Kleid vor mir, der ich um Pepita weiß, und warten würde ich, daß auch sie sich etwas an die Brust setzt, was ihr das Kleid färbt. Sicher würde sie nichts an sich drücken als die ungeduldigen, unerzogenen Hände, welche auch ich nicht erziehen kann. Auch hier müßte ich dann vergeblich warten, unsere Ehe würde kinderlos bleiben, die Wiese unbedacht und dem Gärtner ausgeliefert. Geduld will ich haben, all meine Gebete nur auf den Fisch richten, heiraten kann ich dann wohl immer noch.

Geduld bewies Alfonso Callos. Eines Samstags, zuvor oft angekündigt, begann was dortzulande ein Volksfest ist. In der üblichen Kleidung eines Toreros betrat er, soweit ich das als Tourist beurteilen kann, in allerbester Haltung den Platz. Dann, nach einigem Vorspiel, unendlich langsam kam die Schnecke. Ich glaube, sie war etwa zwei Meter fünfzig hoch und an sieben Meter lang. Doch diese Maße sollen nichts weiter besagen, als mein Unvermögen diese nackte, durchaus geschlossene Prozession zu beschreiben.

Wie er immer noch in gezeichneter Haltung sie nun erwartete und mit ihm die Zuschauer und unter den Zuschauern ich, hörte ich ein Boot in den Hafen einlaufen, konnte mir jedoch keinen Namen davon machen, da es schon nach fünf Uhr war, und alle Fischer mit mir hier standen und gleich mir ihren Augen verfallen schienen. Sie glitt auf ihn zu, eine feuchte, klebrige Spur hinter sich, er ließ sie vorbei, entging ihren Fühlern, so schrieb es die Regel dieses Kampfes vor, dann que l'occasion se présente de vivre par le détail, le héros de l'histoire décrit un grand geste et décide de partir en voyage. – Bon, dit mon ami, toi aussi, tu es parti en voyage, cette fois-là, et tu t'es distrait. Tu devrais continuer à faire des choses, essaie donc de la fontaine, ou alors tu devrais te marier. Prends une femme jeune, c'est le meilleur poisson.» Ainsi parlait-il, et il riait outre mesure. Non, je ne veux pas de fontaine. Quant à me marier? Lorsque j'y songe, tous les soirs elle serait là, en robe blanche, devant moi qui ai connaissance de l'existence de Pepita et qui attendrais qu'elle aussi porte quelque chose à sa poitrine, qui ferait rougir sa robe. Elle ne serrerait certainement rien contre soi, sauf la paire de mains impatientes et mal élevées que je ne réussis pas à éduquer, moi non plus. Là aussi, il me faudrait donc attendre en vain, notre union resterait sans enfants, le pré négligé et laissé à la merci du jardinier. Je veux être patient, faire porter toutes mes prières sur le seul poisson, et je pourrai toujours me marier plus tard, je pense.

De patience fit preuve Alfonso Callos. Un samedi commença, annoncée de nombreuses fois au préalable, ce que l'on appelle là-bas une fête populaire. Vêtu du costume habituel d'un toréador, il fit son entrée sur la place dans l'attitude la plus parfaite, pour autant que je puisse en juger comme touriste. Puis, après quelques préliminaires, arriva avec une infinie lenteur la limace. Je crois qu'elle mesurait environ deux mètres cinquante de haut et dans les sept mètres de long. L'indication de ces mesures a toutefois pour seul objet de marquer mon inaptitude à décrire ce défilé nu, parfaitement ordonné. Alors qu'il était toujours à l'attendre, en position comme dessinée, et que l'attendaient avec lui les spectateurs, et moi-même parmi ces spectateurs, j'entendis une embarcation entrer dans le port, mais je ne pouvais m'en faire une idée précise, car il était déjà plus de cinq heures et tous les pêcheurs étaient ici avec moi, paraissant tout regard, comme moi aussi. La limace glissait vers lui, laissant une trace humide et poisseuse derrière elle, il la stieß er zu, – es kam kein Blut. «Blut, Blut, wo ist Blut?» so schrie es aus den Zuschauern, aus mir. Abermals kam die Schnecke, wiederum stieß er und abermals versagte das Blut. Alfonso Callos hatte Geduld. Hätte auch ich diese Geduld, könnte auch ich so warten, der Fisch käme.

Ich habe es doch so einfach, keine Frau die neben mir am Bett steht, keine Kinder an meinen Beinen, keine Zuschauer, niemand der da schreit: «Blut, wo ist Blut!» Oder: «Wo ist der Fisch?» An meiner Wiese warten keine Zuschauer. Zwar spielen in der Nachbarschaft die Burschen Fußball, doch mein Fisch ist nicht ihr Fisch. In Spanien mangelt es nicht an Zuschauern. Dennoch behaupte ich heute, daß Alfonso Callos nicht die Geduld verlor. Nein, die Zuschauer zwangen ihn zu jener Gefälligkeit. Er wollte ihnen etwas bieten, verstand ihre Langeweile, obwohl er selbst, verliebt in seinen Beruf, keinerlei Zeichen von Müdigkeit oder Ungeduld zeigte. So kam es ganz selbstverständlich, kam auf Wunsch. Wieder war die Schnecke vorbei, wieder hatte sie wie ein blinder Schwamm den Stich aufgenommen, das Publikum stand zum Teil auf den Stühlen und zeigte sich temperamentvoll.

Da drehte der Torero, machte seine geübte Bewegung und versah seinen kostbar gekleideten Leib mit einem scharfen Werkzeug. Nun kam das Blut, er stand, nahm jedoch nach einiger Zeit eine bequemere Haltung ein, um länger deutlich machen zu können, wie gefällig er sich erwiesen hatte. Das Publikum saß dankbar und schweigsam um den Platz.

Später, auf meiner Wiese habe ich nachdenken dürfen. Immer wieder und ohne sich zu beeilen glitt die Schnecke durch meine Gedanken. Aber warum hielt er das Tuch hin? Ein Tuch, dessen Farbe anderen Ortes die fünfjährigen Stiere reizt. Wußte er nicht, daß die Schnecke blind war, daß keine Farbe die drängen konnte, ihren einfachen Leib zu beeilen. Ich habe diese Frage jetzt aufgegeben. Bei einem Autorennen, mein Freund war laissa passer, se déroba à ses cornes, comme le voulait la règle de cette lutte, puis il frappa, ... aucun sang n'apparut. «Du sang, du sang, où est le sang?», ce cri jaillissait de la foule, de moi. Derechef la limace arrivait, de nouveau il frappa, et le sang fit défaut, une fois de plus. Alfonso Callos était patient. Si j'avais la même patience je pourrais attendre, moi aussi, que le poisson arrive. Pour moi les choses sont si faciles, pas de femme à côté de mon lit, pas d'enfants accrochés à mes jambes, pas de spectateurs, personne qui crie «Du sang, où y a-t-il du sang?» ou encore: «Où est le poisson?» Au bord de mon pré, aucun spectateur n'attend. Dans le voisinage les garçons jouent au football, il est vrai, mais mon poisson n'est pas le leur. En Espagne les spectateurs ne manquent pas. Aujourd'hui je prétends néanmoins qu'Alfonso Callos n'a pas perdu patience. Non, ce sont les spectateurs qui lui arrachèrent cette faveur. Il voulait leur présenter quelque chose, il comprenait qu'ils s'ennuyaient, bien que lui-même, amoureux de son métier, ne manifestât aucun signe de fatigue ou d'impatience. Cela se fit donc tout naturellement, se fit sur demande. De nouveau la limace était passée, de nouveau elle avait reçu le coup comme une éponge insensible, une partie du public était monté sur les chaises et se faisait rebelle. Le toréador se tourna alors, fit son mouvement exercé et porta un instrument pointu à son corps richement vêtu. Maintenant le sang apparut; lui-même était debout, mais après un certain temps il prit une position plus commode, afin de pouvoir marquer plus longuement toute l'obligeance qu'il avait témoignée. Le public était assis autour de la place, reconnaissant et silencieux.

Plus tard, sur mon pré, j'ai eu l'occasion de réfléchir. A tout moment et sans se presser, la limace rampait à travers mes pensées. Mais pourquoi avait-il tendu la cape? Une cape dont, ailleurs, la couleur excite les taureaux de cinq ans. Ne savait-il pas que la limace était aveugle, qu'aucune couleur ne pouvait la pousser à hâter son corps simple? J'ai maintenant laissé tomber cette question. Lors d'une course automobile – c'était la schuld, daß ich es sah, fiel es mir auf, wie wenig wir von der Schnelligkeit der Schnecke verstehen. Unsere Augen wissen es nicht, können diesen glatten Leib, der durch die Zeit rast, nicht begreifen, so fallen wir zurück und immer wieder überrundet uns die Schnecke. Fast möchte ich sagen, doch ohne als Prophet zu gelten, die Schnecke hält ihre Fühler in ein kommendes Jahrhundert. Es wird dieses eine vorsichtige Zeit sein, ein Zurücknehmen aller Beschuldigungen, ein Jahrhundert ohne jene äußerste Farbe, in die Pepita sich kleidete.

Oft meine ich, ich hätte einiges gelernt, die Schnecke hätte mich dem Fisch etwas näher gebracht. Dann jedoch, angesichts meiner gleichmütigen Wiese, fallen mir traurige Verse ein, denen ich nur mit Mühe eine allgemeinere Richtung geben kann. Ähnlich dem Beginn des Schulgedichtes Archibald Douglas: «Ich hab es getragen sieben Jahr...» begann ein Poem jener Zeit:

Ich habe sieben Jahre auf eine Schnecke gewartet,
nun hab ich vergessen wie eine Schnecke aussieht.
Als etwas kam, nackt und empfindlich,
suchte ich einen treffenden Namen.
Ich sagte Gefühl, Geduld, sagte Glück,
doch es glitt tonlos vorbei.

## Gabriele Wohmann: Die Fahrt

Aus dem Dunst strecken sich schwarze Äste dem Wagen entgegen; sein Scheinwerfer packt sie, hält sie fest und gibt sie wieder frei; Vergangenheit, Vergessen.

Er rückt auf dem Sitz zurecht, schmeckt leise schmatzend das säuerliche Unbehagen im Gaumen. Muß ich ihr erzählen, denkt faute de mon ami, que je l'aie vue – je me suis rendu compte du peu que nous entendions de la vitesse de la limace. Nos yeux ne savent pas, ne peuvent pas saisir ce corps lisse qui fonce à travers le temps, ce qui fait que nous retombons en arrière, et la limace nous double sans cesse. J'irais presque jusqu'à dire, sans vouloir cependant passer pour un prophète, que la limace tend ses cornes dans un siècle futur. Ce sera là une époque précautionneuse, la rétractation de toutes les accusations, un siècle dénué de la couleur extrême de laquelle se vêtait Pepita.

Souvent il me semble que j'ai appris pas mal de choses, que la limace m'a un peu rapproché du poisson. Mais ensuite, au vu de mon pré impassible, de tristes vers me viennent à l'esprit, auxquels j'ai du mal à donner une orientation plus générale. Un peu comme la poésie scolaire Archibald Douglas qui commençait par «Je l'ai porté pendant sept ans . . .», un poème de cette époque débutait ainsi:

> J'ai attendu une limace pendant sept ans,
> maintenant j'ai oublié de quoi a l'air une limace.
> Lorsqu'est venue une chose nue et délicate
> j'ai cherché pour elle un nom convenable.
> J'ai dit sensibilité, patience, j'ai dit bonheur,
> mais la chose a passé, silencieuse, en un glissement.

## Gabriele Wohmann: La course

Sorties de la brume, des branches noires se tendent à la rencontre de la voiture; le phare les saisit, les retient et les lâche de nouveau; passé, oubli.

Il se cale dans son siège et goûte, avec un léger bruit des lèvres, le malaise aigrelet qu'il a au fond du palais. Faut que er und sieht sich nach Haus kommen: es wird spät sein, und er wird seine Frau im Bett finden, sich zu ihr legen, das Nachtbrot kauen, zwischen verschlafenen Kiefern malmen. «Ne sonderbare Fahrt war das heut», hört er sich sagen, «richtig gruslig, weißt du mit dem Mädchen für die Idiotenanstalt. Hörst du noch?» Er muß das dauernd fragen, wenn er nachts noch etwas mit ihr besprechen will.

«Sie war mir richtig unheimlich, stumm wie sie war, und sah doch fast normal aus. Man sollt es nicht glauben, daß sie sich mit so'm Dorfkerl eingelassen hat und dann das Kind nicht ausstehen kann; in ein Heim haben sie's gesteckt, das arme Luder.»

Der Watteumhüllung entschlüpfen Gitter, die rachitischen Arme der Bäume; Laub im Lichtstrahl und Fensterscheiben links und rechts von der Straße – der Nebel holt sie sich wieder.

Das Mädchen sitzt unbeweglich auf dem Platz schräg hinter dem Sanitäter, den steifaufgereckten Rücken lehnt es nicht gegen das Polster. Im Schoß umklammern die Hände eine gelbe Handtasche mit Messinganhänger. Rina, als er Rina zu mir sagte, mir die Tasche gab. Ihr schmallippiger Mund lächelt nicht, sie beleckt ihn, und das Brennen wird stärker: feucht streift der Nebelwind aus der Fensterspalte darüber weg. Sie sieht den Fahrer von der Seite: seine hellen Uniformschultern, den kraushaarigen Hals mit kräftigen Muskeln. Es ist noch nicht sehr dunkel, und sie sieht im Rückspiegel sein rechtes Auge, hartblau im rotgeäderten Liderfleisch, unter dicken Brauen: kupferrot wie das angestrahlte Laub; sieht unteres und oberes Lid einander entgegenzucken, wenn der Wind über die Wimpern streicht. Sie sitzt steif, stumm: belauert das Auge im Spiegel.

«En komisches Ding, wahrhaftig», wird er erzählen und die Glieder unter der Bettdecke strecken, behaglich die Haut am je lui raconte, pense-t-il, et il se voit arriver à la maison: il sera tard, et il trouvera sa femme couchée, il s'étendra auprès d'elle, mâchera son sandwich de nuit, le mastiquant entre des mâchoires ensommeillées. «Une étrange course que c'était, aujourd'hui, s'entend-t-il dire, franchement effrayant, tu sais, avec la fille pour l'asile de dingues. Tu m'écoutes encore?» Il lui faut constamment poser cette question, quand il veut encore lui parler de quelque chose la nuit. «Elle me faisait vraiment peur, muette qu'elle était, et pourtant elle avait l'air presque normal. A peine croyable qu'elle se soit acoquinée avec un tel péquenot et qu' après elle ne puisse pas souffrir l'enfant; dans un home qu'ils l'ont fourré, le pauvre gosse.»

De l'enveloppe cotonneuse se dégagent des grilles, les bras rachitiques des arbres; feuillage dans le faisceau lumineux, vitres de part et d'autre de la chaussée ... le brouillard les reprend.

La fille se tient immobile sur le siège en biais derrière l'infirmier, elle n'appuye pas son dos raidi sur les coussins. Sur les genoux, ses mains étreignent un sac jaune à poignée de laiton Rina, quand il m'a appelée Rina, qu'il m'a donné le sac. Sa bouche aux lèvres minces ne sourit pas, elle l'humecte, et le picotement redouble: humide, le souffle d'air venu du brouillard par l'entrouverture de la glace la frôle. Elle voit le conducteur par le côté: ses épaules d'uniforme claires, le cou aux poils frisés, avec ses muscles puissants. L'obscurité n'est pas encore très profonde, et elle voit dans le rétroviseur son œil droit, bleu dur dans la chair veinée de rouge de la paupière, sous d'épais sourcils: rouge cuivre comme le feuillage illuminé; elle voit les paupières inférieure et supérieure battre l'une vers l'autre lorsque le vent frôle les cils. Elle est assise raide, muette: elle guette l'œil dans le miroir.

«Une drôle de fille, vraiment«, racontera-t-il, et il étirera ses membres sous la couverture du lit, éprouvera avec délectation

Leinentuch jucken, «von der Kriminalpolizei gesucht und im Bahnhofshotel von'em kleinen Kaff aufgegabelt, ohne Geld und alles. Aber verrückt sieht sie nicht aus, nicht wie ich solche Deppen in Erinnerung habe: so mit verzerrten Mündern und Glotzaugen, kein Teil im Gesicht paßt zum andern. Sie ist wie jede, hat ne ganz anständige Frisur auf'em Kopf.» Er überlegt einen Augenblick, rekonstruiert das Bild seiner Frau und betrachtet es mit träger Rührung: blond und nett – er grinst und denkt, daß er vielleicht nicht die ganze Nacht von dem Mädchen erzählen will, nein sicher nicht. «Ne Frisur fast wie du», wird er weitersagen, «so'n bißchen aufgebauscht über der Stirn und lockig, nur glänzt es nicht, das Haar, stumpf ist es.» Verwirrt versucht er, einen verschwommenen Gedanken festzuhalten. An dem stumpfen Haar, so will er sagen, sieht man, daß sie keine Freude mehr am Leben hat. Er weiß im Voraus, daß seine Frau ihn nicht verstehn wird. Es ärgert ihn. Selbst verrückt, wird sie rufen, wenn sie sich bis dahin hat noch wachhalten können. Er ist verstimmt; sein Lid flattert, wehrt sich gegen den Wind.

Flache Schwaden von Dämmerung, Geräusche, vom Fahrtwind zerpflückt, huschen durch den Spalt in der Scheibe. Sie starrt in den Spiegel auf das zuckende Lid, starrt ins Auge. Sie weiß nicht, warum sein Bild sie hält. Sie weiß, daß das Auge, wehrlos im entzündeten Fleischbett, etwas Neues in ihrem Leben ist, das Erregendste, was sie kennengelernt hat. Und die Schulter, das geschäftige Beben der Muskeln im Hals. Rina.

Sie schaudert, starrt wieder ins Auge; ihre Finger spüren angewidert die Kühle des Leders. Die Minuten wehen durch den Scheibenspalt, sie fühlt die Eile jeder einzelnen: schwarze unerkennbare Zeiteinheiten, schwarz beim Kommen und Wegflitzen.

le frottement de la peau sur le drap, «recherchée par la P. J. et dénichée à l'hôtel de la gare dans un petit bled, sans argent et rien. Mais elle n'a pas l'air folle, pas comme je m'souviens avoir vu des idiots de ce genre: la bouche tordue et les yeux en billes de loto, pas une partie du visage qui aille avec l'autre. Elle est comme n'importe qui, elle a une coiffure tout-à-fait présentable.» Il réfléchit un instant, reconstitue l'image de sa femme et la considère avec un attendrissement indolent: blonde et gentille ... il ricane et songe qu'il ne va peut-être pas parler toute la nuit de la fille, non, sûrement pas. «Une coiffure presque comme toi, poursuivra-t-il, un peu bouffante au-dessus du front, et bouclée, sauf qu'ils ne brillent pas, les cheveux, ils sont ternes.» Troublé, il cherche à fixer une idée imprécise. A voir sa chevelure terne, c'est ce qu'il veut dire, on s'aperçoit qu'elle ne trouve plus plaisir à la vie. Il sait d'avance que sa femme ne le comprendra pas. Cela l'irrite. Fou toi-même, s'écriera-t-elle, à condition qu'elle ait réussi à se maintenir éveillée jusque là. Il est contrarié; sa paupière tremble, se défend du vent.

Des nappes étirées de brume, des bruits, déchiquetés par le déplacement d'air de la voiture, se glissent à travers l'entrouverture de la glace. Comme envoûtée, elle fixe, dans le miroir, la paupière qui bat, elle fixe l'œil. Elle ne sait pas pourquoi cette image la facine. Ce qu'elle sait, c'est que cet œil, sans défense dans son lit de chair enflammée, est quelque chose de nouveau dans sa vie, la chose la plus passionnante qu'elle ait connue. Et cette épaule, les frémissements affairés des muscles du cou. Rina. Elle frissonne, fixe de nouveau l'œil; ses doigts perçoivent avec dégoût la fraîcheur du cuir. Les minutes soufflent à travers l'entrouverture de la glace, elle ressent la hâte de chacune d'elles: unités de temps noires et imperceptibles, noires lorsqu'elles arrivent et lorsqu'elles se sauvent de nouveau.

«Jawohl, umbringen hat sie sich wollen, mehrmals», wird er sagen, damit sie endlich aufmerksam zuhört, und er spürt schon den Druck ihrer Sammlung, das gierige Warten der Ohren. «Sie haben sie jedesmal noch retten können. Und dann ist sie ausgerückt, einfach ausgerückt. Deshalb kommt sie jetzt unter Aufsicht. Es war nicht schön, sie da hinzubringen, ich weiß nicht, sie tat mir wohl leid und unheimlich war's mir, wie sie so stumm da hinter mir saß. Ich hab kaum gewagt, mal en paar Worte zu sagen.»

«Na, bald werden wir wohl da sein», sagt er, wendet den Kopf halb zu ihr.

Sie schreckt hoch, ihr Blick läßt vom Auge im Spiegel ab. «Ja.» Ihre Stimme ist fahrig, klingt nicht.

«Haben Sie schon mal so was gesehn?» fragt er, will nett zu ihr sein und hebt den Hörer vom Funkgerät. Er spricht ein paar Sätze in die Sprechmuschel, eine krachende Bronchitisstimme antwortet.

Sie lacht.

«Macht's Ihnen Spaß?» fragt er, legt den schwarzen Hörer wieder auf seinen Platz zwischen den Sitzen.

Sie lacht.

Er ist nicht gefaßt auf ihr Kichern, das den steifen Körper hinter ihm schüttelt.

«Da wissen sie immer gleich, wo sie'n paar Tote auflesen können; die Retter spielen», sagt sie laut, hört auf zu kichern.

Sie wartet, lauscht, ob er weitersprechen wird. Sie fühlt in ihren unbeweglichen Blick einen Bausch Nebelwatte geraten, fühlt ihn weich und schwer werden, naß. Tränen. Das Auge – sie sieht ihn, es ist flüssig blau im Spiegel. Schultern, Hals, die rechte Wange, Nase und Kinn des Fahrers sind auf nasses Papier gemalt, Wasserfarben, die Umrisse ertrinken.

«Parfaitement, se suicider qu'elle a voulu, plusieurs fois», dira-t-il, afin qu'elle écoute enfin avec attention, et déjà il sent la pression de sa concentration, l'attente avide de ses oreilles. «Ils ont pu chaque fois la sauver encore. Et alors elle s'est barrée, tout simplement barrée. C'est pour ça qu'on la met maintenant sous surveillance. Ce n'était pas agréable de l'amener là-bas, je ne sais pas, elle me faisait sans doute pitié et j'étais angoissé de l'avoir ainsi, assise muette, derrière moi. J'ai à peine osé lui adresser parfois quelques mots.»

«Eh bien, je crois que nous allons bientôt être arrivés», dit-il, et se tourne à demi vers elle.

Elle sursaute, son regard se détache de l'œil dans le rétroviseur. «Oui». Sa voix est nerveuse, ne porte pas.

«Vous avez déjà vu quelque chose de ce genre?» demande-t-il, il veut être gentil avec elle et soulève le combiné du radio-téléphone. Il prononce quelques phrases dans le microphone, une voix grésillante de bronchitique répond.

Elle rit.

«Cela vous amuse?» demande-t-il, reposant le combiné noir à sa place, entre les sièges.

Elle rit.

Il ne s'est pas attendu à ce gloussement de rire qui secoue le corps raidi assis derrière lui.

«Ainsi vous savez toujours où vous allez pouvoir ramasser quelques, morts, jouer les sauveteurs», dit-elle à haute voix et s'arrête de rire.

Elle attend, écoute pour savoir s'il va reprendre la parole. Elle sent qu'un tampon de coton brumeux s'interpose dans son regard fixe, le sent devenir doux et lourd, humide. Des larmes. L'œil ... elle le voit, il est bleu liquide dans le miroir. Les épaules, le cou, la joue droite, le nez et le menton du conducteur sont peints sur du papier mouillé, couleurs à l'eau, les contours sombrent.

Er preßt das Fleisch zwischen seinen Brauen in eine Falte, schiebt das Bild seines Schlafzimmers – die breiten Betten, seine Frau ihm zugekehrt, die lauernden Ohren – vor sein bestürztes Denken. «Komisches Zeug hat sie gesagt, das kannste dir gar nicht vorstellen; man konnte nicht mit ihr reden.» Die Retter spielen.

«Hab noch ne andere Fahrt heut», sagt er, «stört Sie's, wenn ich rauche?»

«Nein.»

Er findet, daß ihre Stimme verändert klingt; zieht den Rauch ein, schnaubt ihn leise durch die Nasenlöcher.

«En anstrengender Tag», sagt er, fühlt sich wohler. «Vom Morgen bis in die Nacht. Und der Nebel dazu. Nachts wird er schlimmer.»

Es wird schwarz hinter den Scheiben rechts und links; vor dem Scheinwerfer treibt sämiges Grau.

Sie starrt, ihr Körper ist krampfhaft steif. Durch die Nacht fahren, immer weiter, rasch und endlos. Keine Rast hinter den Fassaden, kein Riegel, der die Türen in den Wänden versperrt. Fahren fahren.

Sie sieht die Qualmsträhnen der Zigarette über das Gesicht des Fahrers ziehen und das Auge verschleiern. Nie mehr aussteigen. Sie sitzt ohne Leben, läßt das Wasser über ihre Wangen laufen: Der Wind macht es kalt.

«Na, da werden Sie froh sein, wenn Sie endlich wieder festen Boden unter die Füße kriegen», sagt er. «Nach so'ner Fahrt, wenn man's nicht gewöhnt ist.»

Sie sagt nichts.

«Manche vertragen's auch nicht. Ihnen wird nicht schlecht im Auto?»

Sie sagt nichts. Er macht eine Pause, überlegt.

«Sie sind gut geeignet zum Fahren. Mit schlechtem Magen

Il comprime en une ride la chair entre ses sourcils, fait glisser l'image de sa chambre à coucher – les larges lits, sa femme tournée vers lui, les oreilles aux aguets – devant sa pensée bouleversée. «Des drôles de trucs qu'elle a dit, tu n'imagines pas; on ne pouvait pas lui parler.» Jouer les sauveteurs.

«J'ai encore une autre course aujourd'hui, dit-il; ça vous dérange si je fume?

– Non.»

Il trouve qu'elle a une voix changée; il inhale la fumée, la rejette en soufflant sans bruit par les narines.

«Une dure journée, dit-il, et se sent mieux. Du matin jusque dans la nuit. Et le brouillard en plus. Il devient plus épais la nuit.»

Il se fait noir derrière les glaces, à droite et à gauche; devant le phare chasse une épaisse grisaille.

Elle a les yeux perdus dans le lointain, son corps est convulsivement raidi. Rouler à travers la nuit, de plus en plus loin, vite et sans fin. Pas de halte derrière les façades, pas de verrou pour bloquer les portes qui sont ménagées dans les murs. Rouler, rouler. Elle voit les traînées de fumée de la cigarette s'étirer sur le visage du conducteur et voiler l'œil. Ne plus jamais descendre. Elle est assise sans vie, laisse couler l'eau sur ses joues: le vent la rend froide.

«Eh bien, vous serez sûrement contente d'avoir de nouveau, enfin, un sol fixe sous les pieds, dit-il. Après un tel voyage, quand on n'en a pas l'habitude.»

Elle ne dit rien.

«Il y en a aussi qui ne le supportent pas. Vous n'avez pas mal au cœur, en voiture?»

Elle ne dit rien. Il fait une pause, réfléchit.

«Vous êtes bien faite pour la route. Avec un estomac détraqué, kann man nichts machen im Auto.» Er lacht kurz und erregt. Halblaut spricht er weiter.

Die Schultern, die zugige Fahrt, Flug über die Straße. Der Lichtstrahl erobert Schatten, läßt sie gleichgültig zurück.

Das Zeituhrwerk hackt böse in ihrem Herzen; sie sitzt, ohne sich zu rühren, fühlt widerwillig das kalte Leder.

«Und was war am Schluß?» fragt die Frau, räkelt sich neugierig. «Los, mach doch schon.»

Seine Hand tappt über den Bettrand, legt das angebissene Brot auf den Nachttisch. Im Mund wälzt er freudlos den ungespeichelten Bissen.

«Was soll gewesen sein?» sagt er.

Er hört das ungeduldige Schnaufen der Frau. «Na, wie haste sie abgeliefert? War sie immer noch stumm? Hat sie nichts gesagt, gar nichts?»

«Nee.» Der Bissen ist dick und trocken, klebt an den Zahnwänden.

Er sieht das Mädchen aussteigen; das rotgeweinte nasse Gesicht. Die leeren Augen. Wie sie die Tasche festhielt. Er fühlt wieder das Gewicht des schwarzen Pappdeckelkoffers; das Schleifen des Bademantels, den er überm Arm trug, hört er. «Na, auf Wiedersehn», hatte er gesagt. «Schlafen Sie gut. War schon ne anstrengende Fahrt, was?» Sie hat stumm immer weitergeweint, ihre Augen waren blind, glasig wie die von toten Fischen. Er hört das Kreischen der Torangeln, den Schlag des einschnappenden Schlosses; er fühlt die windige Nebelnässe.

«Sie war so verrückt wie alle richtigen Idioten», sagt er und schluckt den schweren Bissen.

rien ne va, en voiture.» Il émet un rire bref et nerveux. A mi-voix il continue de parler.

Les épaules, la marche aux courants d'air, allure de vol sur la route. Le faisceau lumineux conquiert les ombres, les laisse derrière soi avec indifférence. L'horloge du temps qui passe taille furieusement dans son cœur; elle est assise là, sans bouger, sent avec répugnance le contact du cuir froid.

«Et qu'est-ce qu'y a eu à la fin? demande la femme, se remuant avec curiosité. Vas-y, raconte.»

Sa main tâtonne par-dessus le bord du lit, pose le pain entamé sur la table de nuit. En bouche il triture sans joie le morceau non encore humecté de salive.

«Que veux-tu qu'il y ait eu?» dit-il.

Il entend le souffle impatient de sa femme. «Ben, comment l'as-tu déposée à l'arrivée? Elle était toujours muette? Elle n'a rien dit, rien du tout?

– Non.» La bouchée est grosse et sèche, elle colle aux parois des dents.

Il voit la fille descendre, le visage rougi et humide de larmes. Les yeux vides. Comme elle tenait fermement son sac. Il sent encore le poids de la valise noire en carton, entend encore le bruit que faisait en traînant le peignoir qu'il portait sur le bras. «Allez, à bientôt, avait-il dit. Dormez bien. C'était un voyage quand même fatiguant, hein?» Sans un mot, elle continuait de pleurer, ses yeux étaient aveugles, vitreux comme ceux de poissons morts. Il entend encore grincer les charnières du portail, la serrure s'encliqueter; il ressent encore l'humidité venteuse du brouillard.

«Elle était aussi folle que tous les vrais idiots», dit-il, et il avale sa grosse bouchée.

Ingeborg Bachmann: Undine geht

Ihr Menschen! Ihr Ungeheuer!

Ihr Ungeheuer mit Namen Hans! Mit diesem Namen, den ich nie vergessen kann.

Immer wenn ich durch die Lichtung kam und die Zweige sich öffneten, wenn die Ruten mir das Wasser von den Armen schlugen, die Blätter mir die Tropfen von den Haaren leckten, traf ich einen, der Hans hieß.

Ja, diese Logik habe ich gelernt, daß einer Hans heißen muß, daß ihr alle so heißt, einer wie der andere, aber doch nur einer. Immer einer nur ist es, der diesen Namen trägt, den ich nicht vergessen kann, und wenn ich euch alle vergesse, ganz und gar vergesse, wie ich euch ganz geliebt habe. Und wenn eure Küsse und euer Samen von den vielen großen Wassern – Regen, Flüssen, Meeren – längst abgewaschen und fortgeschwemmt sind, dann ist doch der Name noch da, der sich fortpflanzt unter Wasser, weil ich nicht aufhören kann, ihn zu rufen, Hans, Hans...

Ihr Monstren mit den festen und unruhigen Händen, mit den kurzen blassen Nägeln, den zerschürften Nägeln mit schwarzen Rändern, den weißen Manschetten um die Handgelenke, den ausgefransten Pullovern, den uniformen grauen Anzügen, den groben Lederjacken und den losen Sommerhemden! Aber laßt mich genau sein, ihr Ungeheuer, und euch jetzt einmal verächtlich machen, denn ich werde nicht wiederkommen, euren Winken nicht mehr folgen, keiner Einladung zu einem Glas Wein, zu einer Reise, zu einem Theaterbesuch. Ich werde nie wiederkommen, nie wieder Ja sagen und Du und Ja. All diese Worte wird es nicht mehr geben, und ich sage euch vielleicht, warum. Denn ihr kennt doch die Fragen, und sie beginnen alle

Ingeborg Bachmann: Ondine s'en va

Hommes que vous êtes! Monstres que vous êtes!

Monstres du nom de Hans! De ce nom que je n'oublierai jamais.

Chaque fois que je venais par la clairière et que les branches s'ouvraient, que les verges, frappant mes bras, les débarrassaient de l'eau, que les feuilles léchaient les gouttes de ma chevelure, je tombais sur quelqu'un qui s'appelait Hans.

Oui, je l'ai apprise, cette logique qui veut que l'un de vous s'appelle Hans, que vous vous appeliez tous ainsi, l'un comme l'autre, et pourtant rien qu'un. Il n'y en a toujours qu'un à porter ce nom que je ne puis oublier, quand bien même je vous oublierais tous, vous oublierais totalement, comme je vous ai totalement aimés. Et lorsque vos baisers et votre semence auront été depuis longtemps lavés et emportés par les eaux innombrables – pluies, fleuves, mers – ce nom demeurera quand même, se propagera sous les eaux, car je ne puis cesser de le crier, Hans, Hans . . .

Monstres que vous êtes, avec vos mains fortes et inquiètes, avec vos ongles courts et pâles, vous ongles éraflés à bords noirs, les manchettes blanches autour de vos poignets, vos pullovers effrangés, vos complets uniformément gris, vos blousons de gros cuir et vos chemises d'été flottantes! Mais je vais être précise, monstres, vous avilir une fois pour toutes, car je ne reviendrai plus, ne répondrai plus à vos signes, à aucune invitation à un verre de vin, à un voyage, à une soirée au théâtre. Je ne reviendrai jamais plus, ne dirai jamais plus Oui, . . . ni Toi, ni Oui. Tous ces mots n'existeront plus, et peut-être vous dirai-je pourquoi. Car vous connaissez bien les questions, et elles commencent toutes par «pourquoi». Il n'y a pas de questions mit «Warum?» Es gibt keine Fragen in meinem Leben. Ich liebe das Wasser, seine dichte Durchsichtigkeit, das Grün im Wasser und die sprachlosen Geschöpfe (und so sprachlos bin auch ich bald!), mein Haar unter ihnen, in ihm, dem gerechten Wasser, dem gleichgültigen Spiegel, der es mir verbietet, euch anders zu sehen. Die nasse Grenze zwischen mir und mir . . .

Ich habe keine Kinder von euch, weil ich keine Fragen gekannt habe, keine Forderung, keine Vorsicht, Absicht, keine Zukunft und nicht wußte, wie man Platz nimmt in einem anderen Leben. Ich habe keinen Unterhalt gebraucht, keine Beteuerung und Versicherung, nur Luft, Nachtluft, Küstenluft, Grenzluft, um immer wieder Atem holen zu können für neue Worte, neue Küsse, für ein unaufhörliches Geständnis: Ja. Ja. Wenn das Geständnis abgelegt war, war ich verurteilt zu lieben; wenn ich eines Tages freikam aus der Liebe, mußte ich zurück ins Wasser gehen, in dieses Element, in dem niemand sich ein Nest baut, sich ein Dach aufzieht über Balken, sich bedeckt mit einer Plane. Nirgendwo sein, nirgendwo bleiben. Tauchen, ruhen, sich ohne Aufwand von Kraft bewegen – und eines Tages sich besinnen, wieder auftauchen, durch eine Lichtung gehen, *ihn* sehen und «Hans» sagen. Mit dem Anfang beginnen.

«Guten Abend.»

«Guten Abend.»

«Wie weit ist es zu dir?»

«Weit ist es, weit.»

«Und weit ist es zu mir.»

Einen Fehler immer wiederholen, den einen machen, mit dem man ausgezeichnet ist. Und was hilft's dann, mit allen Wassern gewaschen zu sein, mit den Wassern der Donau und des Rheins, mit denen des Tiber und des Nils, den hellen Wassern der Eismeere, den tintigen Wassern der Hochsee und der zaubrischen Tümpel? Die heftigen Menschenfrauen schärfen ihre Zungen dans ma vie. J'aime l'eau, sa transparence dense, le vert de l'eau et ses créatures sans langage (et bientôt je serai tout aussi privée de langage moi-même), ma chevelure parmi elles, en elle, l'eau équitable, le miroir indifférent qui m'interdit de vous voir autrement. La frontière humide entre moi-même et moi-même . . .

Je n'ai pas d'enfants de vous car je n'avais pas de questions, pas d'exigence, pas de prudence, de dessein, pas d'avenir, et je ne savais pas comment on s'installe dans une autre vie. Il ne me fallait pas d'entretien, pas de serment ni d'assurance, rien que de l'air, air nocturne, air côtier, air des frontières, afin de pouvoir sans cesse reprendre mon souffle pour de nouveaux mots, de nouveaux baisers, pour un aveu sans fin: oui. Oui. Une fois que j'avais fait l'aveu, j'étais condamnée à aimer; quand un jour je me libérais de l'amour, j'étais contrainte de retourner dans l'eau, dans cet élément où personne ne se bâtit un nid, ne se pose un toit sur une charpente, ne se couvre d'une bâche. N'être nulle part, ne rester nulle part. Plonger, se reposer, se mouvoir sans dépense de force – et un jour réfléchir, émerger de nouveau, traverser une clairière, le voir, *lui*, et dire «Hans». Commencer par le début.

«Bonsoir.

– Bonsoir.

– Y a-t-il loin jusqu'à toi?

– Loin, loin.

– Et loin jusqu'à moi.»

Refaire sans cesse une erreur, commettre celle qui vous a marquée. Et que sert alors d'être lavée par toutes les eaux, par les eaux du Danube et du Rhin, par celles du Tibre et du Nil, par les eaux limpides des mers arctiques, par les eaux d'encre de la haute mer et des marais ensorcelants? Les femmes humaines, quand elles sont violentes, affûtent leur langue et lancent des und blitzen mit den Augen, die sanften Menschenfrauen lassen still ein paar Tränen laufen, die tun auch ihr Werk. Aber die Männer schweigen dazu. Fahren ihren Frauen, ihren Kindern treulich übers Haar, schlagen die Zeitung auf, sehen die Rechnungen durch oder drehen das Radio laut auf und hören doch darüber den Muschelton, die Windfanfare, und dann noch einmal, später, wenn es dunkel ist in den Häusern, erheben sie sich heimlich, öffnen die Tür, lauschen den Gang hinunter, in den Garten, die Alleen hinunter, und nun hören sie es ganz deutlich: Den Schmerzton, den Ruf von weither, die geisterhafte Musik. Komm! Komm! Nur einmal komm!

Ihr Ungeheuer mit euren Frauen!

Hast du nicht gesagt: Es ist die Hölle, und warum ich bei ihr bleibe, das wird keiner verstehen. Hast du nicht gesagt: Meine Frau, ja, sie ist ein wunderbarer Mensch, ja, sie braucht mich, wüßte nicht, wie ohne mich leben –? Hast du's nicht gesagt! Und hast du nicht gelacht und im Übermut gesagt: Niemals schwer nehmen, nie dergleichen schwer nehmen. Hast du nicht gesagt: So soll es immer sein, und das andere soll nicht sein, ist ohne Gültigkeit! Ihr Ungeheuer mit euren Redensarten, die ihr die Redensarten der Frauen sucht, damit euch nichts fehlt, damit die Welt rund ist. Die ihr die Frauen zu euren Geliebten und Frauen macht, Eintagsfrauen, Wochenendfrauen, Lebenslangfrauen und euch zu ihren Männern machen laßt. (Das ist vielleicht ein Erwachen wert!) Ihr mit eurer Eifersucht auf eure Frauen, mit eurer hochmütigen Nachsicht und eurer Tyrannei, eurem Schutzsuchen bei euren Frauen, ihr mit eurem Wirtschaftsgeld und euren gemeinsamen Gutenachtgesprächen, diesen Stärkungen, dem Rechtbehalten gegen draußen, ihr mit euren hilflos gekonnten, hilflos zerstreuten Umarmungen. Das hat mich zum Staunen gebracht, daß ihr euren Frauen Geld gebt zum Einkaufen und für die Kleider und für die Sommerreise, da ladet ihr sie ein (ladet sie ein, zahlt, es versteht sich). Ihr éclairs par leurs yeux, les femmes humaines douces versent sans bruit quelques larmes qui font aussi leur effet. Mais les hommes se taisent dans ce temps. Ils caressent gentiment les cheveux de leurs femmes, de leurs enfants, ouvrent le journal, vérifient les factures, mettent la radio fort et entendent néanmoins le bruit du coquillage, la fanfare du vent, et puis plus tard, lorsqu'il fait sombre dans les maisons, ils se lèvent en cachette, ouvrent la porte, tendent l'oreille dans le couloir, le jardin, dans les allées, et voilà qu'ils l'entendent très nettement: le cri de la souffrance, l'appel venu de loin, la musique fantomatique. Viens! Viens! Une fois seulement, viens!

Monstres que vous êtes envers vos femmes!

N'as-tu pas dit: C'est l'enfer, et personne ne comprendra jamais pourquoi je reste avec elle. N'as-tu pas dit: Ma femme, oui, c'e un être merveilleux, oui, elle a besoin de moi, ne saurait pas comment vivre sans moi...? Ne l'as-tu pas dit? Et n'as-tu pas ri, et n'as-tu pas dit dans ta fougue: Ne jamais prendre au tragique, ne jamais prendre ces choses au tragique. N'as-tu pas dit: Voici le vrai, et tout le reste n'existe pas, ne compte pas! Monstres que vous êtes avec vos phrases, qui recherchez les phrases des femmes, afin que rien ne vous manque, afin que le monde soit bien rond. Vous qui faites des femmes vos maîtresses et vos épouses, femmes d'un jour, femmes de week-end, femmes à perpétuité, et qui admettez de vous faire transformer en leurs maris. (Cela vaut peut-être un réveil!) Vous, avec la jalousie que vous inspirent vos femmes, avec votre orgueilleuse condescendance et votre tyrannie, votre recherche de protection auprès de vos femmes, vous, avec votre argent de ménage et vos conversations d'avant dormir, ces toniques, le sentiment d'avoir raison contre le monde extérieur, vous, avec vos étreintes pitoyablement savantes, pitoyablement distraites. Ce qui m'a stupéfaite, c'est que vous donniez de l'argent à vos femmes pour les courses, et pour les vêtements, et pour le voyage de vacances, là vous les invitez (vous kauft und laßt euch kaufen. Über euch muß ich lachen und staunen, Hans, Hans, über euch kleine Studenten und brave Arbeiter, die ihr euch Frauen nehmt zum Mitarbeiten, da arbeitet ihr beide, jeder wird klüger an einer anderen Fakultät, jeder kommt voran in einer anderen Fabrik, da strengt ihr euch an, legt das Geld zusammen und spannt euch vor die Zukunft. Ja, dazu nehmt ihr euch die Frauen auch, damit ihr die Zukunft erhärtet, damit sie Kinder kriegen, da werdet ihr mild, wenn sie furchtsam und glücklich herumgehen mit den Kindern in ihrem Leib.

Oder ihr verbietet euren Frauen, Kinder zu haben, wollt ungestört sein und hastet ins Alter mit eurer gesparten Jugend. O das wäre ein großes Erwachen wert! Ihr Betrüger und ihr Betrogenen. Versucht das nicht mit mir. Mit mir nicht!

Ihr mit euren Musen und Tragtieren und euren gelehrten, verständigen Gefährtinnen, die ihr zum Reden zulaßt ... Mein Gelächter hat lang die Wasser bewegt, ein gurgelndes Gelächter, das ihr manchmal nachgeahmt habt mit Schrecken in der Nacht. Denn gewußt habt ihr immer, daß es zum Lachen ist und zum Erschrecken und daß ihr euch genug seid und nie einverstanden wart. Darum ist es besser, nicht aufzustehen in der Nacht, nicht den Gang hinunterzugehen, nicht zu lauschen im Hof, nicht im Garten, denn es wäre nichts als das Eingeständnis, daß man noch mehr als durch alles andere verführbar ist durch einen Schmerzton, den Klang, die Lockung und ihn ersehnt, den großen Verrat. Nie wart ihr mit euch einverstanden. Nie mit euren Häusern, all dem Festgelegten. Über jeden Ziegel, der fortflog, über jeden Zusammenbruch, der sich ankündigte, wart ihr froh insgeheim. Gern habt ihr gespielt mit dem Gedanken an Fiasko, an Flucht, an Schande, an die Einsamkeit, die euch erlöst hätten von allem Bestehenden. Zu gern habt ihr in Gedanken damit gespielt. Wenn ich kam, wenn ein Windhauch mich ankündigte, dann sprangt ihr auf und wußtet, daß die les invitez, c'est-à-dire que vous payez, bien entendu). Vous achetez et vous vous faites acheter. Je ne puis m'empêcher de rire et de m'étonner de vous, Hans, Hans, de vous, petits étudiants et braves ouvriers, qui prenez des femmes pour qu'elles travaillent avec vous, et vous travaillez tous les deux, chacun s'instruit dans une autre faculté, chacun monte en grade dans une autre usine, vous vous donnez du mal, amassez ensemble votre argent et vous attelez à l'avenir. Oui, c'est pour cela aussi que vous prenez vos femmes, pour affermir l'avenir, pour qu'elles aient des enfants, là vous devenez indulgents, lorsqu'elles vont et viennent, craintives et heureuses, leurs enfants dans le ventre. Ou bien vous interdisez à vos femmes d'avoir des enfants, vous voulez avoir la paix et vous vous hâtez vers votre vieillesse avec votre jeunesse économisée. Quel grand réveil cela mériterait! Dupeurs et dupés que vous êtes. N'essayez pas de cela avec moi. Pas avec moi!

Vous, avec vos muses et vos bêtes de somme et vos compagnes savantes et compréhensives auxquelles vous daignez accorder la parole ... Mon rire a longtemps animé les eaux, un rire gargouillant que vous avez parfois imité avec effroi dans la nuit. Car vous avez toujours su qu'il y avait de quoi rire et de quoi s'effrayer, et que vous vous suffisiez et que vous n'aviez jamais été d'accord. Mieux vaut donc ne pas se lever la nuit, ne pas longer le couloir, ne pas tendre l'oreille dans la cour, dans le jardin, car ce serait avouer qu'on est plus facile à séduire par un ton de douleur, le son, la tentation, que par tout le reste, et qu'on l'appelle de tous ses vœux, la grande trahison. Jamais vous n'avez été d'accord avec vous-mêmes. Jamais vous ne l'avez été avec vos maisons, avec les choses fixées une fois pour toutes. Les tuiles qui s'envolaient, les débacles qui s'annonçaient, vous vous en réjouissiez en cachette. Vous aimiez remuer l'idée de fiasco, de fuite, d'opprobre, de solitude, qui vous auraient délivrés de l'ordre établi. Vous étiez trop heureux d'en jouer. Quand j'arrivais, quand un souffle de vent m'annonçait, vous bondissiez et saviez que l'heure était proche, de l'opprobre, du bannissement,

Stunde nah war, die Schande, die Ausstoßung, das Verderben, das Unverständliche. Ruf zum Ende. Zum Ende. Ihr Ungeheuer, dafür habe ich euch geliebt, daß ihr wußtet, was der Ruf bedeutet, daß ihr euch rufen ließt, daß ihr nie einverstanden wart mit euch selber. Und ich, wann war ich je einverstanden? Wenn ihr allein wart, ganz allein, und wenn eure Gedanken nichts Nützliches dachten, nichts Brauchbares, wenn die Lampe das Zimmer versorgte, die Lichtung entstand, feucht und rauchig der Raum war, wenn ihr so dastandet, verloren, für immer verloren, aus Einsicht verloren, dann war es Zeit für mich. Ich konnte eintreten mit dem Blick, der auffordert: Denk! Sei! Sprich es aus! – Ich habe euch nie verstanden, während ihr euch von jedem Dritten verstanden wußtet. Ich habe gesagt: Ich verstehe dich nicht, verstehe nicht, kann nicht verstehen! Das währte eine herrliche und große Weile lang, daß ihr nicht verstanden wurdet und selbst nicht verstandet, nicht warum dies und das, warum Grenzen und Politik und Zeitungen und Banken und Börse und Handel und dies immerfort.

Denn ich habe die feine Politik verstanden, eure Ideen, eure Gesinnungen, Meinungen, die habe ich sehr wohl verstanden und noch etwas mehr. Eben darum verstand ich nicht. Ich habe die Konferenzen so vollkommen verstanden, eure Drohungen, Beweisführungen, Verschanzungen, daß es nicht mehr zu verstehen war. Und das war es ja, was euch bewegte, die Unverständlichkeit all dessen. Denn das war eure wirkliche große verborgene Idee von der Welt, und ich habe eure große Idee hervorgezaubert aus euch, eure unpraktische Idee, in der Zeit und Tod erschienen und flammten, alles niederbrannten, die Ordnung, von Verbrechen bemäntelt, die Nacht, zum Schlaf mißbraucht. Eure Frauen, krank von eurer Gegenwart, eure Kinder, von euch zur Zukunft verdammt, die haben euch nicht den Tod gelehrt, sondern nur beigebracht kleinweise. Aber ich habe euch mit einem Blick gelehrt, wenn alles vollkommen, hell de la perte, de l'insondable. Appel qui mettait fin à tout. A tout. Monstres que vous êtes, c'est pour cela que je vous ai aimés, parce que vous saviez ce que signifiait l'appel, parce que vous y étiez sensibles, que vous n'étiez jamais d'accord avec vous-mêmes. Et moi, quand ai-je jamais été d'accord? Quand vous étiez seuls, tout seuls, et quand vos pensées ne portaient sur rien d'utile, rien d'utilisable, quand la lampe éclairait la pièce, que la clairière se formait, que la chambre était humide et enfumée, quand vous étiez là tout désemparés, perdus, perdus pour toujours, perdus par discernement, alors le moment était venu pour moi. Je pouvais entrer avec le regard qui convie: Pense! Sois! Exprime! – Je ne vous ai jamais compris, alors que vous vous saviez compris par n'importe qui. J'ai dit: Je ne te comprends pas, ne comprends pas, ne puis comprendre! Cela a duré un merveilleux et long bout de temps, que l'on ne vous a pas compris et que vous n'avez pas compris vous-mêmes, pas compris le pourquoi de ceci et de cela, pourquoi les frontières et la politique et les journaux et les banques et la bourse et le commerce et tout et tout.

Car j'ai compris, moi, votre subtile politique, vos idées, vos façons de penser, vos opinions, je les ai fort bien comprises, et même un peu davantage. C'est bien pourquoi je ne comprenais pas. J'ai si parfaitement compris les conférences, vos menaces, vos démonstrations, vos retranchements, qu'il n'y avait plus rien à y comprendre. Et c'était cela, d'ailleurs, qui vous agitait, l'incompréhensibilité de toutes ces choses. Car c'était là votre grande idée cachée du monde, et j'ai magiquement tiré votre grande idée au jour, votre idée si peu pratique où apparaissaient le temps et la mort, crachant le feu, réduisant tout en cendres, l'ordre excusé par le crime, la nuit mésusée pour le sommeil. Vos femmes, malades de votre présence, vos enfants que vous avez condamnés à l'avenir, ils ne vous ont pas enseigné la mort, ils vous l'ont seulement donnée à connaître par petites tranches. Mais moi, je vous ai fourni mon enseignement d'un regard und rasend war – ich habe euch gesagt: Es ist der Tod darin. Und: Es ist die Zeit daran. Und zugleich: Geh Tod! Und: Steh still, Zeit! Das habe ich euch gesagt. Und du hast geredet, mein Geliebter, mit einer verlangsamten Stimme, vollkommen wahr und gerettet, von allem dazwischen frei, hast deinen traurigen Geist hervorgekehrt, den traurigen, großen, der wie der Geist aller Männer ist und von der Art, die zu keinem Gebrauch bestimmt ist. Weil ich zu keinem Gebrauch bestimmt bin und ihr euch nicht zu einem Gebrauch bestimmt wußtet, war alles gut zwischen uns. Wir liebten einander. Wir waren vom gleichen Geist.

Ich habe einen Mann gekannt, der hieß Hans, und er war anders als alle anderen. Noch einen kannte ich, der war auch anders als alle anderen. Dann einen, der war ganz anders als alle anderen und er hieß Hans, ich liebte ihn. In der Lichtung traf ich ihn, und wir gingen so fort, ohne Richtung, im Donauland war es, er fuhr mit mir Riesenrad, im Schwarzwald war es, unter Platanen auf den großen Boulevards, er trank mit mir Pernod. Ich liebte ihn. Wir standen auf einem Nordbahnhof, und der Zug ging vor Mitternacht. Ich winkte nicht; ich machte mit der Hand ein Zeichen für Ende. Für das Ende, das kein Ende findet. Es war nie zu Ende. Man soll ruhig das Zeichen machen. Es ist kein trauriges Zeichen, es umflort die Bahnhöfe und Fernstraßen nicht, weniger als das täuschende Winken, mit dem so viel zu Ende geht. Geh, Tod, steh still, Zeit. Keinen Zauber nutzen, keine Tränen, kein Händeverschlingen, keine Schwüre, Bitten. Nichts von alledem. Das Gebot ist: Sich verlassen, daß Augen den Augen genügen, daß ein Grün genügt, daß das Leichteste genügt. So dem Gesetz gehorchen und keinem Gefühl. So der Einsamkeit gehorchen. Einsamkeit, in die mir keiner folgt.

Verstehst du es wohl? Deine Einsamkeit werde ich nie teilen, weil da die meine ist, von länger her, noch lange hin. Ich bin quand tout était parfait, clair et délirant – je vous ai dit: ceci recèle la mort. Et: le temps y travaille. Et en même temps: mort, va-t-en! Et: temps, arrête-toi! C'est cela que je vous ai dit. Et tu as parlé, mon aimé, d'une voix ralentie, entièrement véritable et sauf que tu étais, délivré de tout l'entre-deux, tu as dévoilé ton esprit triste, triste et grand, qui est comme l'esprit de tous les hommes et d'une nature qui ne le destine à aucun usage. N'étant, moi, destinée à aucun usage, et vous ne vous sachant destinés à aucun usage, tout était clair entre nous. Nous nous aimions. Notre esprit était le même.

J'ai connu un homme qui s'appelait Hans, et il était différent de tous les autres. J'en ai connu un autre encore qui, lui aussi, était différent de tous les autres. Et puis un qui était tout à fait différent de tous les autres et qui s'appelait Hans, je l'aimais. C'est dans la clairière que je l'ai rencontré, et nous sommes partis comme ça, sans but, c'était dans le pays du Danube, il est monté avec moi dans la grande roue, c'était dans la Forêt-Noire, sous des platanes sur les grands boulevards, il a bu du pernod avec moi. Je l'aimais. Nous étions dans une gare du Nord, et le train partait avant minuit. Je n'ai pas agité de mouchoir; j'ai fait un signe de la main pour marquer la fin. La fin qui ne trouve pas de fin. Les choses ne finissaient jamais. Ne pas hésiter à faire ce signe. Ce n'est pas un signe triste, il ne voile pas de deuil les gares et les grandes routes, moins que la trompeuse agitation de mouchoir, par laquelle tant de choses prennent fin. Mort, va-t-en, temps, arrête-toi. Ne pas recourir à la magie, aux larmes, à l'enlacement des mains, aux serments, aux prières. A rien de tout cela. Ce qu'il faut: compter que les yeux suffiront aux yeux, qu'un vert suffira, que le plus léger suffira. Obéir ainsi à la loi et non au sentiment. Obéir ainsi à la solitude. Solitude où nul ne me suit.

Comprends-tu bien? Ta solitude, je ne la partagerai jamais car j'ai la mienne, qui remonte plus loin, qui s'étendra loin encore.

nicht gemacht, um eure Sorgen zu teilen. Diese Sorgen nicht! Wie könnte ich sie je anerkennen, ohne mein Gesetz zu verraten? Wie könnte ich je an die Wichtigkeit eurer Verstrickungen glauben? Wie euch glauben, solange ich euch wirklich glaube, ganz und gar glaube, daß ihr mehr seid als eure schwachen, eitlen Äußerungen, eure schäbigen Handlungen, eure törichten Verdächtigungen. Ich habe immer geglaubt, daß ihr mehr seid, Ritter, Abgott, von einer Seele nicht weit, der allerköniglichsten Namen würdig. Wenn dir nichts mehr einfiel zu deinem Leben, dann hast du ganz wahr geredet, aber auch nur dann. Dann sind alle Wasser über die Ufer getreten, die Flüsse haben sich erhoben, die Seerosen sind gleich hundertweis erblüht und ertrunken, und das Meer war ein machtvoller Seufzer, es schlug, schlug und rannte und rollte gegen die Erde an, daß seine Lefzen trieften von weißem Schaum.

Verräter! Wenn euch nichts mehr half, dann half die Schmähung. Dann wußtet ihr plötzlich, was euch an mir verdächtig war, Wasser und Schleier und was sich nicht festlegen läßt. Dann war ich plötzlich eine Gefahr, die ihr noch rechtzeitig erkanntet, und verwünscht war ich und bereut war alles im Handumdrehen. Bereut habt ihr auf den Kirchenbänken, vor euren Frauen, euren Kindern, eurer Öffentlichkeit. Vor euren großen Instanzen wart ihr so tapfer, mich zu bereuen und all das zu befestigen, was in euch unsicher geworden war. Ihr wart in Sicherheit. Ihr habt die Altäre rasch aufgerichtet und mich zum Opfer gebracht. Hat mein Blut geschmeckt? Hat es ein wenig nach dem Blut der Hindin geschmeckt und nach dem Blut des weißen Wales? Nach deren Sprachlosigkeit?

Wohl euch! Ihr werdet viel geliebt, und es wird euch viel verziehen. Doch vergeßt nicht, daß ihr mich gerufen habt in die Welt, daß euch geträumt hat von mir, der anderen, dem anderen, von eurem Geist und nicht von eurer Gestalt, der Unbekannten, die auf euren Hochzeiten den Klageruf an-

Je ne suis pas faite pour partager vos soucis. Pas ces soucis-là! Comment pourrais-je jamais les admettre sans trahir ma loi! Comment pourrais-je jamais croire à l'importance de vos embrouillements? Comment vous croire, tant que je vous croirai vraiment, croirai absolument que vous valez plus que vos faibles et vains propos, vos actions pitoyables, vos suspicions insensées. J'ai toujours cru que vous étiez plus que cela, chevaliers, idoles, peu différents d'une âme, dignes des noms les plus royaux. Quand tu ne savais plus quoi dire sur ta vie, mais alors seulement, tu te mettais à parler tout à fait vrai. A ce moment-là toutes les eaux sont sorties de leur lit, les rivières se sont élevées, les nénuphars ont d'un coup fleuri par centaines et se sont noyés, et la mer était un puissant soupir, elle battait, battait et fonçait et roulait contre la terre, que ses lèvres en bavaient d'écume blanche.

Traîtres! Quand rien ne vous servait plus, il vous restait le dénigrement. Soudain vous saviez alors ce qui vous paraissait suspect en moi, l'eau, et les voiles, et tout ce que l'on ne peut fixer. Soudain j'étais alors un danger que vous aviez tout juste reconnu à temps, et voilà que j'étais maudite, voilà qu'en un tournemain vous vous repentiez de tout. Vous avez battu votre coulpe sur les bancs de l'église, devant vos femmes, vos enfants, votre opinion publique. Devant vos hautes instances vous avez été courageux au point de vous repentir de moi et de raffermir tout ce qui, en vous, s'était mis à vaciller. Vous étiez en sécurité. Vous avez rapidement dressé les autels et m'avez immolée. Mon sang était-il bon? Avait-il un peu la saveur de celui de la biche et de celui de la baleine blanche? La saveur de leur absence de voix?

Grand bien vous fasse! Vous êtes beaucoup aimés, et il vous sera beaucoup pardonné. Mais n'oubliez pas que vous m'avez appelée dans votre monde, que vous avez rêvé de moi, l'être différent, la nature différente, partageant votre esprit mais non vos apparences, l'inconnue qui, à vos noces, entonne la lamenstimmt, auf nassen Füßen kommt und von deren Kuß ihr zu sterben fürchtet, so wie ihr zu sterben wünscht und nie mehr sterbt: ordnungslos, hingerissen und von höchster Vernunft.

Warum sollt ich's nicht aussprechen, euch verächtlich machen, ehe ich gehe.

Ich gehe ja schon.

Denn ich habe euch noch einmal wiedergesehen, in einer Sprache reden gehört, die ihr mit mir nicht reden sollt. Mein Gedächtnis ist unmenschlich. An alles habe ich denken müssen, an jeden Verrat und jede Niedrigkeit. An denselben Orten habe ich euch wiedergesehen; da schienen mir Schandorte zu sein, wo einmal helle Orte waren. Was habt ihr getan! Still war ich, kein Wort habe ich gesagt. Ihr sollt es euch selber sagen. Eine Handvoll Wasser habe ich über die Orte gesprengt, damit sie grünen mögen wie Gräber. Damit sie zuletzt hell bleiben mögen.

Aber so kann ich nicht gehen. Drum laßt mich euch noch einmal Gutes nachsagen, damit nicht so geschieden wird. Damit nichts geschieden wird.

Gut war trotzdem euer Reden, euer Umherirren, euer Eifer und euer Verzicht auf die ganze Wahrheit, damit die halbe gesagt wird, damit Licht auf die eine Hälfte der Welt fällt, die ihr grade noch wahrnehmen könnt in eurem Eifer. So mutig wart ihr und mutig gegen die anderen – und feig natürlich auch und oft mutig, damit ihr nicht feige erscheint.

Wenn ihr das Unheil von dem Streit kommen saht, strittet ihr dennoch weiter und beharrtet auf eurem Wort, obwohl euch kein Gewinn davon wurde. Gegen ein Eigentum und für ein Eigentum habt ihr gestritten, für die Gewaltlosigkeit und für die Waffen, für das Neue und für das Alte, für die Flüsse und für die Flußregutation, qui arrive les pieds mouillés et dont vous craignez que le baiser vous fasse mourir, mourir comme vous souhaitez mourir et comme vous ne mourrez jamais: dans le chaos, en pleins transports, et avec un maximum de raison.

Pourquoi ne le dirais-je pas, ne vous avilirais-je pas, avant de m'en aller?

Mais oui, je m'en vais.

Car je vous ai revus une fois encore, je vous ai entendu parler une langue que vous ne devriez pas parler avec moi. Ma mémoire est inhumaine. J'ai dû penser à tout, à chaque trahison et à chaque bassesse. Je vous ai revus aux mêmes lieux; j'ai eu l'impression de lieux profanés, là où avaient été des lieux clairs. Ce que vous avez fait! Je me suis tenue tranquille, je n'ai pas dit un mot. Ce mot, il faut que vous vous le disiez vous-mêmes. J'ai répandu une poignée d'eau sur ces lieux, afin qu'ils puissent verdoyer comme des tombes. Afin qu'ils restent finalement clairs.

Mais je ne puis m'en aller ainsi. Je vais donc dire encore du bien de vous, de manière que nous ne nous séparions pas sur cette note. Afin que rien ne soit rompu.

Ce qui a été bon, malgré tout, c'est votre manière de parler, votre errance, votre ardeur et votre renonciation à la vérité complète, afin que la moitié de la vérité soit dite, que la lumiére tombe sur une moitié du monde, celle que vous êtes tout juste capables de percevoir dans votre ardeur. Vous étiez si courageux, et courageux contre les autres – et lâches aussi, bien sûr, et souvent courageux pour ne pas paraître lâches. Quand vous voyiez venir le désastre qui allait résulter de la querelle, vous n'en avez pas moins continué à vous quereller, et vous vous agriffiez à votre propos, bien qu'il n'y eût pour vous aucun avantage à en attendre. Vous vous êtes querellés contre et pour la propriété, pour la non-violence et pour l'usage des armes, pour le nouveau et pour l'ancien, pour les rivières et pour l'aménagement des rivières, lierung, für den Schwur und gegen das Schwören. Und wißt doch, daß ihr gegen euer Schweigen eifert und eifert trotzdem weiter. Das ist vielleicht zu loben.

In euren schwerfälligen Körpern ist eure Zartheit zu loben. Etwas so besonders Zartes erscheint, wenn ihr einen Gefallen erweist, etwas Mildes tut. Viel zarter als alles Zarte von euren Frauen ist eure Zartheit, wenn ihr euer Wort gebt oder jemand anhört und versteht. Eure schweren Körper sitzen da, aber ihr seid ganz schwerelos, und eine Traurigkeit, ein Lächeln von euch können so sein, daß selbst der bodenlose Verdacht eurer Freunde einen Augenblick lang ohne Nahrung ist.

Zu loben sind eure Hände, wenn ihr zerbrechliche Dinge in die Hand nehmt, sie schont und zu erhalten wißt, und wenn ihr die Lasten tragt und das Schwere aus einem Weg räumt. Und gut ist es, wenn ihr die Körper der Menschen und der Tiere behandelt und ganz vorsichtig einen Schmerz aus der Welt schafft. So Begrenztes kommt von euren Händen, aber manches Gute, das für euch einstehen wird.

Zu bewundern ist auch, wenn ihr euch über Motoren und Maschinen beugt, sie macht und versteht und erklärt, bis vor lauter Erklärungen wieder ein Geheimnis daraus geworden ist. Hast du nicht gesagt, es sei dieses Prinzip und jene Kraft? War das nicht gut und schön gesagt? Nie wird jemand wieder so sprechen können von den Strömen und Kräften, den Magneten und Mechaniken und von den Kernen aller Dinge.

Nie wird jemand wieder so sprechen von den Elementen, vom Universum und allen Gestirnen.

Nie hat jemand so von der Erde gesprochen, von ihrer Gestalt, ihren Zeitaltern. In deinen Reden war alles so deutlich: die Kristalle, die Vulkane und Aschen, das Eis und die Innenglut.

So hat niemand von den Menschen gesprochen, von den Bedingungen, unter denen sie leben, von ihren Hörigkeiten, pour le serment et contre la prestation de serment. Vous savez que vous vous enflammez contre votre silence, et vous continuez néanmoins à vous enflammer. Cela vaut peut-être une louange.

De vos corps maladroits il y a lieu de louer la douceur. Un tel trait de douceur apparaît surtout lorsque vous rendez un service, que vous faites quelque chose de gentil. Plus douce que toute la douceur de vos femmes, telle est votre propre douceur lorsque vous donnez votre parole, lorsque vous prêtez l'oreille à quelqu'un et le comprenez. Vos corps pesants sont là, mais vous échappez vous-mêmes à la pesanteur, et une tristesse, un sourire de vos peuvent être tels que, l'espace d'un instant, les invraisemblables soupçons de vos amis restent sans aliment.

Il y a lieu de louer vos mains lorsque vous saisissez des objets fragiles, les traitez avec ménagement et savez les maintenir en état, lorsque vous portez des charges et écartez d'un chemin les obstacles lourds. Et il est bon de vous voir soigner les corps des hommes et des bêtes et faire très précautionneusement disparaître une douleur. Ce sont des choses fort limitées qui sortent de vos mains, mais souvent bonnes, qui parleron pour vous.

Vous méritez aussi que l'on s'émerveille lorsque vous vous penchez sur des moteurs et des machines, les construisez, les comprenez, les expliquez, jusqu'à ce que de toutes ces explications sorte un nouveau mystère. N'as-tu pas dit qu'il s'agissait de tel principe et de telle force? N'était-ce pas bel et bien dit? Jamais personne ne saura plus parler ainsi des courants et des forces, des aimants et des mécanismes et des noyaux de toutes choses.

Jamais personne ne parlera plus ainsi des éléments, de l'univers et de tous les astres.

Jamais personne n'a parlé ainsi de la Terre, de sa configuration, de ses époques. Dans tes paroles tout était si clair: les cristaux, les volcans et les cendres, la glace et le feu intérieur.

Nul n'a parlé ainsi des hommes, des conditions dans lesquelles ils vivent, de leurs asservissements, leurs biens, leurs idées, des

Gütern, Ideen, von den Menschen auf dieser Erde, auf einer früheren und einer künftigen Erde. Es war recht, so zu sprechen und so viel zu bedenken.

Nie war so viel Zauber über den Gegenständen, wie wenn du geredet hast, und nie waren Worte so überlegen. Auch aufbegehren konnte die Sprache durch dich, irre werden oder mächtig werden. Alles hast du mit den Worten und Sätzen gemacht, hast dich verständigt mit ihnen oder hast sie gewandelt, hast etwas neu benannt; und die Gegenstände, die weder die geraden noch die ungeraden Worte verstehen, bewegten sich beinahe davon.

Ach, so gut spielen konnte niemand, ihr Ungeheuer! Alle Spiele habt ihr erfunden, Zahlenspiele und Wortspiele, Traumspiele und Liebesspiele.

Nie hat jemand so von sich selber gesprochen. Beinahe wahr. Übers Wasser gebeugt, beinah aufgegeben. Die Welt ist schon finster, und ich kann die Muschelkette nicht anlegen. Keine Lichtung wird sein. Du anders als die anderen. Ich bin unter Wasser. Bin unter Wasser.

Und nun geht einer oben und haßt Wasser und haßt Grün und versteht nicht, wird nie verstehen. Wie ich nie verstanden habe.

Beinahe verstummt.
beinahe noch
den Ruf
hörend.

Komm. Nur einmal.
Komm.

hommes sur la Terre actuelle, une Terre précédente et une Terre future. Il était bon de parler de la sorte et de considérer tant de choses.

Jamais il n'a régné autant d'enchantement sur les objets que lorsque tu parlais, et jamais paroles n'ont été plus souveraines. A travers toi, la langue pouvait aussi se rebeller, devenir confuse ou puissante. Tu as tout fait avec les mots et les phrases, tu t'es fait comprendre grâce à eux, ou tu les as transformés, tu as trouvé des noms nouveaux et les objets, qui ne comprennent ni les termes propres, ni les termes impropres, s'en sont presque mis en mouvement.

Ah, nul ne savait jouer comme vous, monstres! Tous les jeux, vous les avez inventés, jeux de nombres et jeux de mots, jeux de rêves et jeux d'amour.

Jamais personne n'a parlé ainsi de soi-même. Presque avec vérité. Penchée sur l'eau, ayant presque abandonné. Déjà le monde est obscur, et je ne puis mettre mon collier de coquillages. Il n'y aura pas de clairière. Toi, différent des autres. Je suis sous l'eau. Suis sous l'eau.

Et là-haut il en est un qui va, et qui déteste l'eau, et qui déteste le vert, et qui ne comprend pas, qui ne comprendra jamais. Comme je n'ai jamais compris moi-même.

La voix presque éteinte,
pour un peu encore
percevant
l'appel.

Viens. Une fois seulement.
Viens.

## Siegfried Lenz: Das Examen

Seht, da steigt Jan Stasny auf die Rolltreppe des neuen U-Bahnschachts, dreht sich um und winkt, während er stetig nach unten fährt, zu seiner Frau und ehemaligen Kommilitonin hinauf, die im grünen Pullover am Wohnungsfenster steht und nicht nur das Winken erwidert, sondern auch den rechten Daumen in die Handfläche einschlägt und die Hand schüttelt, was von unten so aussieht, als klopfe sie gegen das Fenster. Er weiß, was sie meint; der gedrungene Mann mit dem schwarzblauen Haar und den Kalmückenaugen weiß, was sie ihm mitgeben möchte für das große mündliche Examen, dem er jetzt schwarzgekleidet entgegenfährt, mit der Kollegmappe unterm Arm, in der heute nur Zigaretten drin sind und ein leerer Notizblock. Er lächelt, deutet Zuversicht an im Hinabfahren, zuletzt gelingt ihm noch eine schnelle Geste der Beschwichtigung, so mit flatterhafter Hand, in die Luft gezeichnet wie von einem Ertrinkenden, dessen Kopf schon untergetaucht ist: sei ganz ruhig, du weißt, daß es gut gehen wird, sei nur ruhig. Also es hat begonnen.

Sie will sich wegdrehen vom Fenster, da erkennt sie, daß ihr Winken aufgenommen und erwidert wird, dort, auf der ausgefahrenen Plattform des Spezialwagens, hoch unter den Peitschenlampen, denen neue Röhren eingesetzt werden, stehen zwei Kerle mit bloßem Oberkörper und winken und laden sie durch Zeichen ein, auf die mit rotweißem Stoff umkleidete Plattform hinabzuspringen. Die Hitze kocht über dem Asphalt, zittert über dem Metall der Peitschenlaternen. Komm' doch, wir fahren ganz nah unters Fenster, wenn's sein muß, wir fangen dich auf. Sie antwortet mit angestrengter Achtlosigkeit, tritt zurück, schließt die Augen vor der Sonne, die von den hellen Häuserwänden drüben zurückgeworfen wird. War das die Klingel?

## Siegfried Lenz: L'examen

Regardez, voilà Jan Stasny qui s'engage sur l'escalier mécanique de la nouvelle bouche de métro, se retourne et, tandis qu'un mouvement régulier l'entraîne vers le bas, fait signe à sa femme et ancienne camarade d'études qui, en pull vert, se tient à la fenêtre de l'appartement et, non contente de répondre à ses signes, appuye le pouce droit sur le plat de la main en agitant celle-ci, ce qui, d'en bas, donne l'impression qu'elle frappe contre la fenêtre. Il sait ce qu'elle veut dire; l'homme trapu aux cheveux noirs jais et aux yeux de Kalmouk sait ce qu'elle aimerait lui donner à emporter pour son grand examen oral auquel il se rend maintenant, vêtu de noir, sous le bras le porte-documents dans lequel ne se trouvent aujourd'hui que des cigarettes et un bloc-notes vide. Il sourit, prend un air assuré tandis qu'il descend; pour finir, il réussit encore, d'une main affolée, à faire un geste rapide d'apaisement, tracé dans l'air comme par quelqu'un qui se noie, dont la tête a déjà disparu sous l'eau: sois parfaitement calme, tu sais que tout ira bien, sois calme. Les choses ont donc pris leur cours.

Elle va s'écarter de la fenêtre, lorsqu'elle s'aperçoit que ses signes de la main sont reçus et renvoyés; là-bas, sur la plate-forme relevée du camion spécial, tout en haut sous les lampadaires-fouet dont on remplace les tubes, il y a deux types torse nu qui font des signes et l'invitent par gestes à sauter sur la plate-forme entourée de toile rouge et blanche. La chaleur bout par-dessus l'asphalte, vibre par-dessus le métal des lampadaires.

Viens donc, nous amènerons le camion tout près sous la fenêtre, s'il faut, nous te retiendrons. Elle répond par un dédain contraint, se retire, ferme les yeux face au soleil que reflètent les façades claires des maisons d'en face. A-t-on sonné?

Guten Tag, Mutter, ja: Jan ist schon fort, jetzt geht's los, komm, gib mir die Tasche, du kannst gleich hier anfangen, im Wohnzimmer; doch zuerst ruh' dich aus. Die Mutter schiebt sich an den Ausstellungsplakaten moderner Fotografie vorbei, setzt den Hut ab, legt ihn auf eins der Buchregale, die aus Ziegelsteinen und selbstzugeschnittenen, weißlackierten Brettern bestehen. Sie fährt mit der Hand über eine weibliche Kleiderpuppe, die eine angemalte Admiralsuniform trägt. Hast du das gemacht, Senta? Ich hab' sie Jan zum Geburtstag geschenkt. Dort, der kleine Rundtisch, von Büchern und gläubig vollgeschriebenen Kollegheften bedeckt, die fleckigen Teetassen, auf deren Grund bräunlich angelaufene Zitronenscheiben liegen: wir haben Jan noch einmal abgehört, Mutter, gestern nachmittag, gestern abend, Charles sagte: Jan wird mit *Summa cum laude* bestehen, jedenfalls ohne Schwierigkeiten. Heute abend ist alles vorbei.

Die Mutter weicht mit übertriebener Vorsicht dem Plattenspieler aus, der auf den harten Kokosläufern steht, mit denen das ganze Zimmer ausgelegt ist und die weiterlaufen in das durch einen zu kurzen Vorhang abgetrennte Gemach. Auf dem selbstgebauten Nachttisch neben der Couch würgt ein unternehmungslustiger Schlips ein mit bunten Glasmurmeln gefülltes Bonbonglas. Ein Reisewecker hält ein aufgeschlagenes Buch unter Druck. Senta steckt sich eine Zigarette an, rollt das Bettzeug zusammen, drückt und knetet es in einen Bettkasten hinein und streicht die Decke über der Couch glatt. Hast du alle die Zigaretten geraucht? Charles war hier und Heiner, wir haben bis in die Nacht gebüffelt. Ab heute ändert sich das alles.

Der enge grüne Pullover ist unter den Achseln verfilzt, geschwärzt von Schweiß, der Hosenboden über dem schmalen, harten Hintern ist blank gesessen auf den formlosen Lederpuffs, die an einigen Nähten aufgeplatzt sind, als wollten sie sich übergeben: die Mutter sieht es, während Senta, die Zigarette

Bonjour mère, oui: Jan est déjà parti, maintenant ça-y-est, viens, donne-moi ton sac, tu peux tout de suite commencer ici, dans la salle de séjour; mais repose-toi d'abord. La mère se faufile le long des affiches d'exposition de photographie moderne, ôte son chapeau, le dépose sur l'un des rayons à livres faits de briques et de planches malhabilement découpées, peintes en blanc. De la main elle passe sur une poupée-mannequin qui a été peinte d'un uniforme d'amiral. C'est toi qui a fait ça, Senta? Je l'ai offerte à Jan pour son anniversaire. Plus loin, la petite table ronde, couverte de livres et de cahiers de cours pleins de notes prises avec foi, les tasses de thé maculées sur le fond desquelles sont restées des rondelles de citron devenues brunâtres: nous avons interrogé Jan une fois de plus, mère, hier après-midi, hier soir, Charles a dit: Jan sera reçu avec mention «très bien», en tout cas sans difficultés. Ce soir tout sera terminé.

La mère, avec une prudence exagérée, évite l'électrophone posé sur les nattes de coco dont est recouverte toute la pièce et qui se continuent dans la chambre, isolée par un rideau trop court. Sur la table de nuit de construction maison, à côté du divan-lit, une cravate à l'allure entreprenante enserre un bocal rempli de billes en verre multicolores. Un réveil de voyage maintient sous pression un livre ouvert.

Senta allume une cigarette, enroule la literie, la presse et la triture pour la faire entrer dans un coffre à linge et lisse la couverture sur le divan. C'est toi qui as fumé toutes ces cigarettes? Charles était là, et Heiner, nous avons potassé jusque tard la nuit. A partir d'aujourd'hui tout cela changera.

L'étroit pull vert s'est feutré sous les aisselles, s'est noirci sous l'effet de la sueur, le fond du pantalon sur le derrière mince et ferme est lustré par le contact avec les poufs de cuir informes qui ont crevé par plusieurs coutures comme s'ils voulaient rendre: la mère s'en aperçoit pendant que Senta travaille, la zwischen den Lippen, in beherrschtem Winkel über der Couch arbeitet, barfuß, denn ihr machen die rauhen Kokosfasern nichts aus. Ob du's glaubst oder nicht, Mammi, vier Monate war ich nicht beim Friseur.

Woher habt ihr denn das, fragt die Mutter. Auf einem hängenden Regal, zwischen Stofftieren, zwischen selbstgesammelten Muscheln und kleinen Messingglocken, die von einem Pferdegeschirr stammen, steht ein Schnitzwerk, steht, dreifarbig und wirkungsvoll koloriert, die Heilige Familie, ein schmaläugiger Josef, eine breitwangige Maria, die fassungslos einem betagten Jesuskind lauschen, das seinen Eltern etwas vorliest und offensichtlich die Züge von Jan trägt: das scharfe Profil, die ruhig fordernden Blicke und den weichen Mund, der den Blicken widerspricht. Ach das? Jans Lieblingsonkel ist hier gewesen, er hat schon früher davon gelebt, du weißt: in Suwalki, und jetzt lebt er wieder davon, über achtzig hat er in Hamburg verkauft. Deputat; er sagte, dies Stück sei unser Deputat, weil er Jan als Modell benutzt hat.

Die Mutter schiebt den rostroten Vorhang zur Seite, das also ist immer noch Sentas Zimmer: der klobige Schrank, der mit jedem Raum einverstanden zu sein scheint, in den man ihn stellt, die zwischen Schrank und Fensterbrett eingeklemmte Couch, das pendelnde Mobile, ungleich große Fische, die hoffnungslos hintereinander her sind, der Transistor und an der Wand Marcel Marceau, der sogleich einem Schmetterling das Leben zurückgeben wird. Sie besichtigt das Zimmer auf eine Art, die weder Einverständnis noch Vorbehalt deutlich werden läßt, es ist auch keine Neugier, die die hochgewachsene, hellhäutige Frau mit den Sommersprossen an Regalen und Couchen vorbeiführt, allenfalls der Wunsch, mögliche Veränderungen zur Kenntnis zu nehmen, ganz für sich. Aber da ist ein Zwischenraum.

Ich hab euch Blumen mitgebracht, Senta, sagt sie gegen den Schrank, der einst ihrer Mutter gehörte, und Senta, die sich den grünen Pullover über den Kopf zieht und barfuß nähercigarette aux lèvres, penchée par-dessus le divan en un angle bien maîtrisé, pieds nus car les nattes de coco rugueuses ne la gênent pas. Crois-le si tu veux, maman, ça fait quatre mois que je n'ai pas été chez le coiffeur.

Mais d'où avez-vous cela, demande la mère. Sur une étagère suspendue, entre des animaux de peluche, entre des coquillages qu'ils ont ramassés eux-mêmes et des clochettes en laiton provenant d'un harnais, se trouve une œuvre en bois sculpté, coloriée en trois couleurs avec beaucoup d'effet, la Sainte Famille, un saint Joseph aux yeux étroits, une sainte Vierge aux larges joues, écoutant ébahis un Enfant Jésus âgé qui est en train de lire quelque chose à ses parents et qui, visiblement, porte les traits de Jan: le profil accusé, le regard de défi calme et la bouche aux lignes douces qui dément le regard. Ah, ça? L'oncle préféré de Jan est venu; il en a déjà vécu autrefois, tu sais, à Suwalki, et maintenant il en vit de nouveau, il en a vendu plus de quatre-vingts à Hambourg. Une rémunération en nature; il dit que cette pièce est notre rémunération en nature, parce qu'il a pris Jan pour modèle.

La mère écarte le rideau couleur rouille, ceci est donc toujours la chambre de Senta: l'armoire massive qui paraît être d'accord avec n'importe quel endroit où on la place, le divan-lit coïncé entre l'armoire et le rebord de la fenêtre, le mobile balançant, poissons de différentes tailles qui se poursuivent sans espoir, le transistor et, au mur, Marcel Marceau qui est sur le point de redonner vie à un papillon. Elle inspecte la chambre d'une manière qui ne laisse transparaître ni accord, ni réserve, ce n'est pas non plus la curiosité qui fait passer cette femme de haute stature, à peau claire et taches de rousseur, devant les rayonnages et les divans, tout au plus le désir de prendre note d'éventuels changements, rien que pour elle. Mais là il y a une distance.

Je vous ai apporté des fleurs, Senta, dit-elle face à l'armoire qui a appartenu jadis à sa mère, et Senta qui est en train de retirer son pull vert en le faisant passer par-dessus sa tête et kommt: wir haben nur eine Vase, Mammi, ich glaub im Badezimmer. Entschuldige, ich hab ein irrsinniges Programm: zum Friseur und den Tisch bestellen, und für abends einkaufen, wenn die andern kommen. Und baden... Kannst du das machen?

Senta zieht einen Rock an, eine Bluse, angelt sich ein paar Schuhe mit hohen Absätzen, kämmt vor dem großen Spiegel energisch ihr Haar durch, wobei sie den Kopf schräg legt. Nein, Mammi, ich bedaure nicht, daß ich das Studium aufgegeben habe, es genügt, wenn Jan das Examen macht, uns beiden genügt es. Du weißt, er ist wie die Leute in seiner Heimat: die machen alles mit Bedacht, sie sind nicht zimperlich, wenn sie sich auf die nächsten Jahre festlegen, und wenn sie sagen: erst kommt dies, dann das andere, dann halten sie sich auch an diese Reihenfolge.

Sie stürzt mit einem kleinen Schrei ins Nebenzimmer, die Zigarette ist vom Aschenbecher gefallen, der Glutklumpen hat dem selbstgebauten Nachttisch wieder einen untilgbaren Fleck eingebrannt; Senta ist so aufgebracht darüber, daß sie die Zigarette in die Küche trägt und sie unter den Wasserstrahl hält: kurzes Aufzischen, das Papier schwärzt sich, die Schwärze zieht bis zum Filter hinauf, die nasse Zigarette fliegt in den vollen Abfalleimer. Senta dreht sich zu ihrer Mutter um, die ihr die Tasche nachträgt, die die Tasche jetzt auf den Küchentisch hebt. Sie legt ihre Handflächen von hinten auf die Oberarme ihrer Mutter, drückt, drückt kräftiger, als wollte sie den breiten Oberkörper zusammenschieben. Entschuldige, es hängt so viel davon ab, alles läuft auf diesen Tag zu, es ist wie ein Nadelöhr: wenn man sich erst durchgezwängt hat, wird's leichter. Es ist doch auch, in gewisser Hinsicht, *mein* Examen. Ich verstehe das doch, sagt die Mutter, und nun kümmre dich nicht um mich: ich find mich hier schon zurecht, soviel hat sich ja noch nicht verändert bei euch in den vier Monaten. Mach dir was zu trinken, Mammi. Ja, ja.

s'approche pieds nus: nous n'avons qu'un vase, maman, dans la salle de bains je crois. Excuse-moi, j'ai un programme fou: aller chez le coiffeur et commander la table, et faire les courses pour le soir, quand les autres viendront. Et prendre un bain ... Peux-tu t'en charger?

Senta met une jupe, un chemisier attrappe une paire de chaussures à talons hauts, démêle ses cheveux à coups de peigne énergiques devant la grande glace, en inclinant la tête de côté. Non, maman, je ne regrette pas d'avoir abandonné mes études, ça suffit que Jan passe son examen, à nous deux ça nous suffit. Tu sais bien, il est comme les gens de chez lui:

ils font tout avec réflexion, ils ne sont pas peureux lorsqu'ils s'engagent pour les années qui viennent, et quand ils disent: d'abord viendra ceci, puis cela, ils se tiennent à cet ordre.

Avec un petit cri elle se précipite dans la pièce d'à côté, la cigarette est tombée du cendrier, le bout de braise a de nouveau marqué d'une tache indélébile la table de nuit faite maison; Senta en est à tel point irritée qu'elle porte la cigarette à la cuisine et la tient sous l'eau du robinet: bref grésillement, le papier noircit, le noir remonte jusqu'au filtre, la cigarette mouillée vole dans la poubelle pleine. Senta se retourne vers sa mère qui l'a suivie en portant son sac et qui soulève maintenant le sac sur la table de la cuisine. De derrière, elle pose le plat de ses mains sur les bras de sa mère, les presse, les presse plus fort encore, comme si elle voulait comprimer tout le large buste. Excuse-moi, tant de choses en dépendent, tout est orienté sur cette journée, c'est comme le trou d'une aiguille: une fois qu'on a réussi à se glisser à travers, ça va mieux. Finalement c'est aussi, jusqu'à un certain point, *mon* examen. Mais je comprends cela, dit la mère, et maintenant, ne t'occupe pas de moi: je me débrouillerai bien ici, il n'y a pas eu encore tant de changements chez vous, pendant ces quatre mois. Prépare toi à boire, maman. Oui, oui.

Da ist die Hängetasche aus Stoff, dort auf dem Bord liegt die Sonnenbrille, jetzt nur noch ein Band, ein Samtband, um das Haar zurückzubinden: ist der Spiegel einverstanden? Senta drückt einen kurzen farblosen Wurm aus einer Tube mit Feuchtigkeitscreme, sie zerreibt den Wurm zwischen den Handballen und streicht kraftvoll über Stirn und Wangen. Sie schiebt das Kinn vor, grimassierend, saugt die Oberlippe ein, da fehlt etwas Karmesin, also stülpt sie die Lippen auf, rundet sie, zieht den Stift vom Mundwinkel zum Zäpfchen, schmatzt trocken, bleckt die Zähne, schiebt vorsichtshalber ein Tempotaschentuch zwischen die Lippen und drückt die Lippen zusammen, die einen Abdruck auf dem Taschentuch zurücklassen. Nun noch die Schweißperlen von der Nase tupfen, den Hals abreiben: stimmt es, Mammi, daß wir über 25 Grad Wärme haben? Na, ich geh' jetzt, tschüß.

Wie kühl es im Treppenhaus ist, die Kühle steigt vom gefeudelten Linoleum auf, das die Feuchtigkeit zu bewahren scheint und stumpf bleibt. Sie sieht eine Treppe unter sich, eine Hand auf dem Geländer und einen blauen Ärmel; klatschend greift die Hand höher und höher, gewinnt den Treppenabsatz, und nun erkennt Senta eine Schulter, in die ein Lederriemen schneidet; warten Sie, Herr Paustian, ich komme.

Nur eine Postkarte für Sie heute, Frau Stasny. Nicht mehr? Das ist alles! Morgen, Herr Paustian, Sie werden sehn, morgen. Geburtstag? Examen: mein Mann macht heute das mündliche Staatsexamen. Herzlichen Glückwunsch. Es hat vielleicht gerade erst begonnen. Ach so.

Also Jans Lieblingsonkel drückt beide Daumen für das bevorstehende Examen, er hat bereits ein Stück Holz unterm Messer, aus dem er für den Kandidaten eine besondere Figur «erlösen» will, es soll ein Geschenk sein, das er wegen seiner Gliederschmerzen allerdings nicht selbst vorbeibringen kann; er wird es der Post anvertrauen. Sie steckt die Karte in die Hängetasche, hüpft jetzt, die Tasche schlenkernd am Arm, die

Voici le sac-bandoulière en tissu, là-bas sur l'étagère il y a les lunettes de soleil, il ne manque plus maintenant qu'un ruban, un ruban de velours, pour nouer les cheveux en arrière: le miroir est-il d'accord? Senta exprime d'un tube une petite noix de crème hydratante, elle étale la noix entre ses paumes et frotte énergiquement son front et ses joues.

Elle avance le menton en grimaçant, rentre la lèvre supérieure, ici il manque un peu de rouge, elle retrousse donc les lèvres, les arrondit, passe le bâton de la commissure au frein, fait un happement sec, montre les dents, glisse par prudence un mouchoir en papier entre les lèvres qu'elle serre et qui laissent une empreinte sur le mouchoir. Maintenant, tamponner encore les goutelettes de sueur du nez, sécher le cou: c'est vrai, maman, qu'il y a plus de 25 degrés? Allez, je me sauve, ciao.

Ce qu'il fait frais dans la cage d'escalier, la fraîcheur se dégage du linoléum passé à la serpillière, qui paraît retenir l'humidité et reste mat. Elle voit, un escalier plus bas, une main sur la rampe et une manche bleue; par battements successifs, la main monte et monte, parvient au palier, et Senta reconnaît maintenant une épaule dans laquelle s'incruste une courroie; attendez, monsieur Paustian, j'arrive.

Rien qu'une carte postale pour vous aujourd'hui, madame Stasny. Pas plus? C'est tout! Demain, monsieur Paustian, demain, vous verrez. Un anniversaire? Un examen: mon mari passe aujourd'hui l'oral de sa licence. Toutes mes félicitations. Il a peut-être tout juste commencé. Ah bon.

Eh bien, l'oncle préféré de Jan brûle toutes les chandelles qu'il peut pour l'examen imminent, il a déjà une pièce de bois sous son ciseau, dont il a l'intention de «libérer» une figure particulière pour le candidat cela doit être un cadeau qu'il ne pourra toutefois passer déposer lui-même, à cause des douleurs que lui causent ses membres; il le confiera donc à la poste. Elle fourre la carte dans son sac-bandoulière, dégringole maintenant les esca-

Treppen hinab, begegnet im Eingang ausgerechnet der mißmutigen Vogelscheuche, die ihren zweirädrigen Marktkarren ins Haus bugsiert und auch diesmal nicht zurückgrüßt, den Gruß vielmehr nur mit Erstaunen zur Kenntnis nimmt, was Senta nichts ausmacht, da sie sich in den vierzehn vergangenen Monaten daran gewöhnt hat, von ihrer unmittelbaren Flurnachbarin nicht gegrüßt zu werden. Sie tritt hinaus in die Sonne, schließt die Augen, hört Charles fragen – oder doch eine Stimme, die Charles gehören könnte –: was weißt du eigentlich über Wielands Humanitätsbegriff?, und spürt gleichzeitig den Sog, als die heiße Wand der Straßenbahnen an ihr vorbeifährt und den Staub aus den Schienen fegt. Das Programm.

Senta überquert eine Hauptverkehrsstraße, da ist die Entstehung und Beherrschung mannigfacher Bewegungen zu beobachten: schneller Antritt bei leicht vorgebeugtem Oberkörper, verzögerter Schritt, der lang aus den Hüften fällt, rasches ungefährdetes Schreiten, wiegendes Verharren, um einen Laster vorbeizulassen, ein letzter Sprungschritt, der den Bürgersteig gewinnt. Möbel-Marquardt, Tee-Müller, Blumen-Preißler: daß sie ihre Namen jetzt schon den Waren unterordnen, die sie verkaufen; wenn einer nun mit Geflügel handelt und Krebs heißt?

«Zur Kachel» heißt das Lokal, eine ausgetretene Kellertreppe führt hinab, Senta öffnet die Tür, schiebt eine braune Filzportiere zur Seite: Hier also will Jan mit ihr feiern, in einer dieser kühlen Nischen, deren Wände mit Fotografien von berühmten Köchen bedeckt sind, denen «Die Kachel» Endstation einer Karriere war oder Empfehlung zu steilem Aufstieg bedeutete. Auf jedem Tisch liegt eine elektrische Klingel. Sie wünschen?

Ein älterer Kellner, graue Augen, fleischiges Gesicht, macht sie darauf aufmerksam, daß erst um zwölfuhrdreißig geöffnet wird, sie hat es bereits gelesen, sie will lediglich bestätigen, was ihr Mann mit dem Geschäftsführer ausgemacht hat: einen Tisch liers, le sac ballant sur son bras, rencontre dans l'entrée, comme s'il ne manquait plus que cela, l'acariâtre épouvantail qui pousse sa charrette de marché dans la maison et ne salue pas en retour, cette fois-ci non plus, prenant seulement acte, avec surprise, du salut qui lui est adressé, ce qui ne gêne en rien Senta, car elle a pris l'habitude, pendant les quatorze mois écoulés, de n'être pas saluée par sa voisine de palier directe. Elle sort au soleil, ferme les yeux, entend Charles – ou tout au moins une voix qui pourrait être celle de Charles – demander: que sais-tu donc de la notion d'humanité chez Wieland? et ressent en même temps l'appel d'air qu'exercent les tramways lorsqu'ils passent à côté d'elle avec leur paroi chaude et soulèvent la poussière des rails. Le programme.

Senta traverse une artère principale, et on peut observer ici la formation et la maîtrise de mouvements variés: rapide départ, le buste légèrement penché en avant, ralentissement d'allure par foulées lentes partant des hanches, marche pressée mais sans obstacle, attente dodelinante pour laisser passer un camion, un dernier pas sauté qui atteint le trottoir. Marquardt-Meubles, Müller-Thé, Preissler-Fleurs: qu'ils en soient déjà à subordonner leurs noms aux marchandises qu'ils vendent; et s'il y en a un qui fait commerce de volailles et s'appelle Crabe?

*Le Carreau de faïence,* tel est le nom de l'établissement, un escalier de cave usé mène en bas, Senta ouvre la porte, écarte une portière de feutre brun: voici donc l'endroit où Jan désire célébrer l'événement avec elle, dans l'une de ces niches fraîches dont les murs sont revouverts de photos de cuisiniers célèbres dont *le Carreau de faïence* a été la fin de carrière ou la recommandation à l'origine d'une montée en flèche. Sur chaque table il y a une sonnette électrique. Vous désirez?

Un serveur d'un certain âge, yeux gris, visage charnu, lui signale que l'on n'ouvre qu'à midi trente, elle l'a déjà lu, elle veut simplement confirmer ce dont son mari est convenu avec le gérant: une table pour deux, au nom de Stasny. Un instant.

für zwei Personen, auf den Namen Stasny. Einen Augenblick. Der Kellner holt eine Kladde, legt sie auf den Tisch, beugt sich über sie und beginnt unter leichtem Schnaufen zu lesen; er trägt orthopädische Schuhe. Vor Sentas Augen beginnen kleine rote Punkte auf- und abzusteigen, sie formieren sich zu einer Spirale. Stasny, sagten Sie? Ja, da ist etwas bestellt. Wir möchten gern etwas für uns sein, sagt Senta, wir möchten etwas feiern. Selbstverständlich. Nummer Vier. Der Kellner mustert sie mit freimütiger Gleichgültigkeit, es kostet sie Mühe, seinen Blick zu ertragen, sie hat es nicht vor, doch sie sagt: es soll eine kleine Examensfeier werden. Nummer Vier ist reserviert, sagt der Kellner und folgt ihr auf den fensterlosen Gang, am Büro vorbei, aus dem jetzt der Geschäftsführer tritt und sich erkundigt, ob alles zur Zufriedenheit steht. Der Kellner berichtet und blickt auf Senta und zum Schluß fragt er immerhin: das medizinische Examen? Germanistik, sagt Senta. Ach so.

Sie steigt die Treppe zur Straße hinauf, die Sonne trifft ihr Gesicht. Was können Sie mir über die naturwissenschaftliche Begrifflichkeit in Büchners Werk sagen? Wird sie gerufen? Setz dich, Senta, sagt der Mann in den Reitstiefeln, er verschwindet im Reisebüro, und die Schäferhündin setzt sich dort, wo er sie angebunden hat und beobachtet hechelnd die Bühnenarbeiter, die aus einem Nebeneingang des Theaters Dekorationen zu einem Lastwagen tragen. Das Theater geht auf Reisen, vielleicht werden die Dekorationen auch nur ausgeliehen; zu welchem Stück sie gehören, diese weißen, zierlichen Möbel, dieser lichte Wald, der kein deutscher Wald ist?

Senta wischt sich mit einem Tempotaschentuch den Schweiß von der Oberlippe. Sie nimmt gehend das zur Kugel eingerollte Einkaufsnetz aus der Hängetasche, liest die mit Schlemmkreide auf das Schaufenster geschriebenen Sonderangebote: Bulgarische Himbeeren, Geflügelklein, neue Kartoffeln. Sie bleibt stehen und beweist, wieviel unerwartete Gründe es gibt zum Stehenbleiben: erschrocken wendet sie sich um, hebt den rechten

Le garçon va chercher un cahier, le pose sur la table, se penche sur lui et se met à lire en soufflant légèrement; il porte des chaussures orthopédiques. Devant les yeux de Senta, des petits points rouges commencent à s'élever et à s'abaisser, ils se forment en une spirale. Stasny disiez-vous? Oui, on a réservé quelque chose. Nous aimerions être un peu à l'écart, die Senta, nous avons quelque chose à fêter. Bien sûr. Numéro quatre. Le garçon la toise avec une franche indifférence, elle a du mal à supporter son regard, elle n'en a pas l'intention et pourtant elle dit: nous voulons que ce soit une fête toute simple, pour un examen. Le quatre est réservé, dit le garçon, qui la suit dans le couloir sans fenêtre, devant le bureau d'où sort maintenant le gérant qui demande si l'on est content de tout. Le garçon explique de quoi il s'agit; il fait porter son regard sur Senta et finit quand même par demander: examen de médecine? D'allemand, dit Senta. Ah bon.

Elle monte l'escalier vers la rue, le soleil frappe son visage. Que pouvez-vous me dire de l'abstraction scientifique dans l'œuvre de Büchner? L'appelle-t-on? Assis, Senta, dit l'homme en bottes d'équitation; il disparaît dans l'agence de voyage, la chienne de berger s'assied à l'endroit où il l'a attachée et observe, en pantelant, les machinistes qui tirent des décors par une sortie latérale du théâtre et les portent à un camion. Le théâtre part en tournée, peut-être les décors ne sont-ils que prêtés; de quelle pièce font-ils partie, ces gracieux meubles blancs, cette forêt éclaircie qui n'est pas une forêt allemande?

Senta s'essuye la sueur de la lèvre supérieure à l'aide d'un mouchoir en papier. Tout en marchant, elle sort son filet à provisions du sac-bandoulière où il était roulé en boule, lit l'annonce des ventes-réclame inscrite sur la devanture à la craie lavée: framboises bulgares, abattis, pommes de terre nouvelles. Elle s'arrête et témoigne du grand nombre de motifs inattendus qu'il peut y avoir à s'arrêter: effrayée elle se retourne, lève le pied droit, jette un coup d'œil sur le talon, tend le pied en avant,

Fuß, blickt auf den Absatz, streckt den Fuß nach vorn aus, eine kurze, kreisende Bewegung, dann geht sie weiter und ins Geschäft. Guten Tag, Frau Stasny.

Beide sagen es, Feinkost-Grützner und Feinkost-Sohn, gleich werden sie auf fettigen Messern Wurst- und Käsescheiben zum Probieren anbieten, doch zuerst kommt die Bekundung familiärer Anteilnahme, und das heißt, daß beide sozusagen von Herzen ihrer Hoffnung Ausdruck geben, daß das Wetter den Urlaub von Herrn und Frau Stasny nicht vermiest habe, worauf Senta leider sagt, daß sie mit ihrem Mann noch nie verreist sei; da hat man natürlich das Wetter für den ins Auge gefaßten Urlaub gemeint. Wo ist denn der Zettel? Sie weiß, daß sie alles aufgeschrieben, den Zettel in die Umhängetasche gesteckt hat, – macht nichts, ich hab' alles im Kopf. Heiner und Charles trinken nur Bier, Jan hat am liebsten Sprudel mit Korn, eine Flasche Doppelkorn, bitte. Sekt ist wohl unumgänglich, sagen wir: drei Flaschen Sekt. Nein, keine Familienfeier, mein Mann sitzt gerade im Examen. Danke, aber es ist noch nicht bestanden. Ihm macht die Hitze nicht so viel aus. Liebe Frau Stasny, sagt der Feinkost-Sohn, wir werden Ihre Examensfeier würdig ausstatten; solch einen Satz kriegt der fertig, und da er nun weiß, daß es insgesamt acht Personen sein werden, die Jan Stasny auf gebührende Art feiern werden, erlaubt er sich Vorschläge zu machen. Salzstangen, zum Beispiel, man knabbert doch gern etwas zwischendurch. Oder hier, sehn Sie mal, diese Gürkchen im Glas.

Senta schüttelt den Kopf. Es soll nicht hoch hergehn, verstehen Sie, und sie wird auch nicht lange dauern, die Examensfeier, vielleicht anderthalb Stunden. Sie blickt auf die Schüsseln mit Heringssalat, mit Majonäse, mit ausgelassenem Fett, in dem die Grieben wie Rostflecke sitzen. Da liegen, angequetscht, Zellophanbeutel mit Geflügelklein; in dem blassen Rosa schimmern gelbliche Flomenlappen. Hier die eingelegten Heringe im trüben Sud; das Fleisch scheint flockig, scheint sich von den d'un rapide mouvement circulaire, puis elle se remet en marche et entre dans le magasin. Bonjour madame Stasny.

Ils le disent tous deux, Grützner-Comestibles et Comestibles-fils, dans un instant ils vont offrir, sur des couteaux graisseux, des tranches de saucisse et de fromage, pour dégustation, mais d'abord vient la manifestation d'intérêt pour la famille, et cela signifie que de tout cœur, en quelque sorte, ils expriment à eux deux l'espoir que le temps n'a pas gâché les vacances de monsieur et de madame Stasny, sur quoi Senta déclare malheureusement qu'elle n'a jamais été encore en voyage avec son mari; dans ces conditions on voulait évidemment parler du temps qu'il fera pendant les vacances que l'on envisage. Où est donc passé le billet? Elle sait qu'elle a tout inscrit, glissé le billet dans le sac-bandoulière, – tant pis, j'ai tout en tête. Heiner et Charles ne boivent que de la bière, ce que Jan préfère c'est l'eau gazeuse mélangée d'eau-de-vie de grain, une bouteille de double-grain, s'il vous plaît. Le mousseux est sans doute inévitable, disons: trois bouteilles de mousseux. Non, pas une fête de famille, mon mari est en train de passer son examen. Merci, mais il n'est pas encore reçu. Lui, la chaleur ne le gêne pas tellement. Chère madame Stasny, dit Comestibles-fils, nous agencerons dignement votre fête d'examen; une telle phrase qu'il réussit à sortir, celui-là, et maintenant qu'il sait qu'il y aura huit personnes en tout à fêter dûment Jan Stasny, il se permet des suggestions. Des sticks, par exemple, on aime bien grignoter quelque chose entre deux. Ou ceci, regardez un peu, ce verre de petits cornichons.

Senta secoue la tête. Ça ne doit pas être une grande affaire, vous comprenez, et ça ne durera pas longtemps non plus, cette fête d'examen, peut-être une heure et demie. Elle regarde les jattes de salade de hareng, de mayonnaise, de saindoux où les rillons font comme des taches de rouille. Voilà, écrasés les uns contre les autres, des sachets de cellophane contenant des abattis; à travers le rose pâle se dessinent vaguement des lambeaux jaunâtres de graisse de rognons. Ici les harengs qui marinent

Rändern her aufzulösen. Ein angeschnittener Schinken wirbt um Aufmerksamkeit, schwitzende Dauerwürste machen sich bräsig, ziehen den Blick auf sich. Vielleicht etwas Käse? Selbstverständlich.

Senta bekommt ihren verlorenen Blick – so nennt es Jan – wenn sich ihre Lider zusammenziehen, wenn der Mund aufspringt und sie eine Hand mit gespreizten Fingern an den Hals legt. Ein unerklärlicher Druck, eine rätselhafte Stauung machen sich bemerkbar, Senta versucht diese Beanspruchung durch Schluckbewegungen auszugleichen und netzt ihre Lippen, um den säuerlichen Geschmack loszuwerden. Wie bitte? Sie hat die Frage nicht verstanden. Sie dachte daran, daß Jan in seiner eigensinnig planenden Art ein Hotelzimmer für diese Nacht bestellt hat – sie konnte es ihm nicht ausreden – und daß sie nach der kurzen Examensfeier die Freunde allein lassen und ins Hotel ziehen würden. Auch ein Beutel Salzmandeln, ja. Schließlich, in den letzten Tagen, merkte sie, wie sehr sie sich selbst darauf freute, nicht allein deswegen, sondern weil das Examen dann hinter ihnen liegen würde, das ihm – sie hatte es längst herausbekommen – einfach wegen der geringen grammatikalischen Fehler bevorstand, die er immer noch machte.

Der Feinkost-Sohn, glattgekämmtes, pomadiges Haar, zwei Fingerkuppen unter Pflaster, stellt die Ware zusammen, nimmt Sentas Blick eilfertig auf und verlängert ihn zu Regalen und Vitrinen: noch Mixed Pickles? Oder Paprika? Oliven vielleicht?, die lassen sich doch immer gut an. Danke. Oliven. Woher der sich seine Sprache besorgt hat. Auf die Frage, ob Senta die Ware auf dem Rückweg mitnehmen dürfe, schiebt er eine Schulter nach vorn und sagt: sehr wohl, aber gewißlich, Frau Stasny, dann bis gleich. Er sieht ihr auf eine Weise nach, als ob er sich überlegte, wofür er sich entschuldigen könnte.

Rasch über die Straße, es ist noch grün. Senta geht allein an den wartenden Autos vorbei, die von der Hitze belagert werdans une saumure trouble; la chair paraît floconneuse, paraît se désagréger à partir des bords. Un jambon entamé cherche à se faire remarquer, des saucissons secs suintants se font gros, attirent le regard. Un peu de fromage peut-être? Bien sûr.

Senta se met à avoir son regard perdu, comme dit Jan, celui qu'elle a quand ses paupières se contractent, que sa bouche s'entrouvre et qu'elle met une main à son cou, les doigts écartés. Une inexplicable pression, une mystérieuse congestion se font sentir, Senta tente de compenser cette contrainte par des mouvements de déglutition et humecte ses lèvres pour se débarrasser d'un goût aigrelet. Pardon? Elle n'a pas saisi la question. Elle songeait que Jan, avec l'entêtement qu'il mettait en général dans ses plans, avait réservé une chambre d'hôtel pour cette nuit – elle n'avait pas réussi à le faire changer d'avis – et qu'après la courte fête d'examen ils laisseraient leurs amis seuls et partiraient à l'hôtel. Et un sachet d'amandes salées, oui. Finalement elle s'était aperçue, ces derniers jours, qu'elle se réjouissait elle-même à cette perspective, pas seulement pour la chose elle-même, mais parce que serait alors passé cet examen qui – elle l'avait compris depuis longtemps – l'attendait tout simplement à cause des quelques minces fautes de grammaire qu'il faisait encore.

Comestibles-fils, cheveux bien peignés et gominés, deux bouts de doigts sous sparadrap, rassemble les marchandises, détecte agilement le regard de Senta et le prolonge jusqu'aux rayons et vitrines: encore des pickles? Ou des poivrons? Des olives peut-être? Elles sont toujours bien accueillies, voyons. Merci. Des olives. Où celui-là est-il allé chercher ce langage. Senta lui ayant demandé si elle pouvait prendre ses achats au retour, il avance une épaule et dit: très certainement, cela va de soi, madame Stasny, à tout-à-l'heure alors. La manière dont il la suit des yeux fait croire qu'il est en train de se demander de quoi il pourrait bien s'excuser.

Traversée rapide de la rue, le feu est encore au vert. Senta passe seule devant les voitures en attente, assaillies par la den; sie spürt, wie man über sie herfällt mit Blicken, wechselt die Gangart, hüpft jetzt, hüpft schwerfällig, es läßt sich nicht wie gewünscht gehen unter den Blicken, und sie lächelt in eine Windschutzscheibe hinein, die ganz undurchsichtig ist vor hartem Glanz und springt bei Rot auf den Bürgersteig. Die ersten drei Monate hatten sie noch gemeinsam studiert, dann war es Jan, der davon anfing, daß einer das Studium aufgeben sollte; und als er das sagte, wußte sie, wen er meinte. Und hier vor dem Geschäft, in dem Bilder gerahmt, Spiegel angefertigt werden, vor dem Fenster, in dem sehr unterschiedliche Rahmen auf Gesichter und Landschaften warten, erinnert sie sich, wie sehr Jan in der ersten Zeit das Zeremoniell der Heimkehr genoß: er wollte begrüßt und ausgefragt werden, und sie konnte ihm ansehen, wieviel Freude es ihm machte, seine Abwesenheit zu belegen: und dann bei Jäger Sturm und Drang, heute der Schafschur, du weißt schon, oder heißt es *Die* Schafschur? Neben der Kunstglaserei liegt der Friseurladen, über beiden Geschäften stehen dieselben Namen, vielleicht Brüder, vielleicht gelingt es ihnen, Hand in Hand zu arbeiten: denkt Senta und wird von einer mißmutigen Stimme gleich beim Eintritt aufgefordert, die Tür offenzulassen. Sie wartet vor der Kasse, horcht zu den Kabinen hinüber, in denen elektrisches Licht brennt; Senta ist angemeldet. Das muß sie dem Mädchen bestätigen, das in sehr kurzem, verwaschenem weißen Kittel rückwärts aus einer Kabine tritt und sagt: wir können nur angemeldete Kunden bedienen. Nur waschen und legen und etwas kürzen. Nehmen Sie Platz.

Senta beobachtet im Spiegel die junge Friseuse bei ihrer Arbeit an einer breitnackigen, rotangelaufenen Frau, ihr mißmutiges Hantieren mit Kamm und Wicklern, ihre Ausdauer, mit der sie sich selbst im Spiegel begutachtet, sobald sie der Kundin nahelegt, aufzublicken. Unter dem verwaschenen Berufskittel trägt die Friseuse nur Büstenhalter und Schlüpfer. Warum macht sie das, denkt Senta, warum färbt sie sich in ihr braunes, schwechaleur; elle sent comme on fond sur elle du regard, elle change d'allure, sautille maintenant, sautille maladroitement, on ne peut pas marcher comme on voudrait, sous ces regards, et elle sourit à un pare-brise qui brille si durement qu'il en est opaque, et elle bondit sur le trottoir au moment où le feu passe au rouge. Les trois premiers mois ils avaient encore été étudiants ensemble, puis c'est Jan qui avait lancé l'idée que l'un d'eux devrait abandonner ses études; et lorsqu'il eut dit cela, elle savait à qui il pensait. Et ici, devant ce magasin où l'on encadre des tableaux, où l'on confectionne des miroirs, face à cette devanture dans laquelle des cadres très divers attendent des visages et des paysages, elle se rappelle avec quelle intensité Jan, au début, jouissait du cérémonial du retour: il voulait être accueilli et questionné, et elle pouvait lire sur ses traits tout le plaisir qu'il *éprouvait* à justifier son absence: et tu sais, chez Jäger le *Sturm und Drang*, aujourd'hui le tonte des moutons, tu connais, ou dit-on *la* tonte? A côté de la miroiterie se trouve le salon de coiffure, par-dessus les deux magasins sont écrits les mêmes noms, peut-être des frères, peut-être réussissent-ils à travailler la main dans la main: ainsi pense Senta, et déjà, dès l'entrée, une voix bourrue lui enjoint de laisser la porte ouverte. Elle attend devant la caisse, tend l'oreille vers les cabines où la lumière électrique est allumée; Senta a rendez-vous. Elle doit le confirmer à la fille qui, vêtue d'une blouse blanche délavée très courte, sort à reculons d'une cabine et dit: nous ne pouvons prendre des clientes que sur rendez-vous. Rien qu'un shampooing et une mise en plis et un peu raccourcir. Prenez place.

Senta observe dans le miroir la jeune coiffeuse en train de travailler sur une femme rougeaude à la nuque large, la mauvaise humeur qu'elle met à manier le peigne et les rouleaux, la constance avec laquelle elle se juge elle-même dans le miroir chaque fois qu'elle invite la cliente à lever les yeux. Sous sa blouse de travail délavée, la coiffeuse ne porte qu'un soutien-gorge et un slip. Pourquoi fait-elle cela, pense Senta, pourquoi se res Haar silberne Strähnen ein? Jetzt treffen sich ihre Blicke im Spiegel, ein kurzes Messen, ein Abfragen und gegenseitiges Taxieren, dann greift die Friseuse in ein Schubfach: möchten Sie eine Zeitschrift?

Senta blättert in der Zeitschrift, während die Friseuse spreizbeinig hinter ihr arbeitet, während sie von der Seite ihren kleinen, weichen Bauch gegen die Ellbogen drückt, während sie das Haar kämmt, die Spitzen kappt, die Wäsche vorbereitet. Beide wollen nicht miteinander sprechen, vielmehr scheint ihnen daran gelegen, durch beharrliches Schweigen auf die eigene Überlegenheit hinzuweisen, man hat sich erkannt, man möchte sich gegenseitige Ablehnung fühlbar werden lassen, nicht überdeutlich natürlich. Befallen von Mattigkeit, umgeben von aufdringlichem Wohlgeruch schließt Senta die Augen, rote Punkte schweben durch die Dunkelheit, leicht wie Ascheflocken: was behauptet die Zeitschrift? Fernsehen im Bett begünstigt das Eheleben. Sie müssen sich weiter vorbeugen, ganz übers Waschbecken, danke. Amerikanische Wissenschaftler haben also nachgewiesen, daß gemeinsames Fernsehen im Bett gefährdete Ehen wieder glücklich machen kann. Die Friseuse stürzt Sentas Haar nach vorn ins Waschbecken und sagt gleichgültig: schließen Sie die Augen. Jetzt starrt sie auf meinen Nacken, denkt Senta und spürt einen heißen Druck im Magen, als ob sie einen sehr heißen Schluck Kaffee zu schnell hinuntergespült hätte. Sie kann sich nicht entspannen.

Der rostrote Vorhang, der ihr Zimmer vom sogenannten großen Zimmer abtrennt, schließt nicht ganz, sie sieht das Bild der letzten Wochen, wie es sich von ihrem Bett aus bot: Jan vor dem kleinen Rundtisch, nur zur Hälfte im genauen Lichtkreis der Lampe, lesend, rauchend, hin und wieder einige Sätze schreibend, von denen sie wußte, daß sie wortwörtlich abgeschrieben wurden: was ich geschrieben habe, ich behalte, sagte Jan zur Erklärung seiner Methode. Er war damit einverstanden, daß sie ihn abfragte, bis sie müde wurde, und sobald er entfait-elle teindre des mèches argentées dans sa chevelure brune et lourde? Maintenant leurs regards se croisent dans le miroir, un bref jaugeage, une interrogation et une évaluation réciproque, puis la coiffeuse plonge la main dans un tiroir: un magazine?

Senta feuillète le magazine, tandis que la coiffeuse travaille derrière elle, les jambes écartées, tandis que par le côté son petit ventre doux appuye contre les coudes, tandis qu'elle passe les cheveux au peigne, qu'elle effile les pointes, qu'elle prépare le shampooing. Elles s'efforcent toutes deux de ne pas se parler, elles paraissent au contraire attacher du prix, chacune, à souligner sa propre supériorité par un silence persistant, chacune a pris les dimensions de l'autre, on aimerait se faire sentir une antipathie réciproque, mais pas trop nettement, bien entendu. Envahie de lassitude, enveloppée de senteurs insistantes, Senta ferme les yeux, des points rouges flottent à travers l'obscurité, légers comme des flocons de cendre: que prétend le magazine? La télévision au lit favorise la vie conjugale. Il faut vous pencher davantage en avant, tout par-dessus la cuvette, merci. Des savants américains ont donc établi que de regarder ensemble la télévision au lit rendait le bonheur à des ménages en péril. La coiffeuse projette les cheveux de Senta en avant, dans la cuvette, et dit avec indifférence: fermez les yeux. Maintenant elle fixe son regard sur ma nuque, pense Senta qui éprouve une pression brûlante dans l'estomac, comme si elle avait ingurgité trop vite une gorgée de café très chaud. Elle ne réussit pas à se relaxer.

Le rideau rouille qui sépare sa chambre de ce qu'ils appellent la grande pièce ne ferme pas tout à fait, elle revoit le tableau des dernières semaines, tel qu'il se présentait à elle depuis son lit: Jan devant la petite table ronde, à moitié seulement dans le cercle lumineux précis de la lampe, en train de lire, de fumer, de noter de temps à autre quelques phrases dont elle savait qu'il les copiait textuellement: ce que j'ai noté, je le retiens, disait Jan pour expliquer sa méthode. Il voulait bien qu'elle l'interroge jusqu'à ce qu'elle soit fatiguée, et lorsqu'il avait décidé du moment schieden hatte, wann sie müde geworden war, brachte er sie in ihr Zimmer, rauchte eine Zigarette an ihrem Bett und lüftete und kehrte wieder zu seiner Arbeit zurück. Daß er Sprudel und Korn dabei trinken konnte! Wie die Wissenschaftler herausgefunden haben, sind Varieté-Sendungen und Liebesfilme besonders geeignet, bedrohte Ehen zu kitten; außerdem bescheinigt eine triumphierende Statistik allen Ehepaaren mit Fernsehen am Bett eine zunehmende Geburtenfreudigkeit. – Sie können sich aufrichten.

Ein warmes Handtuch legt sich auf Sentas Gesicht, durch den Stoff hindurch fühlt sie die Finger der Friseuse, die über ihr Kinn gleiten, über ihre Wangen; dann sammelt die Friseuse das nasse Haar in einer Mulde des Handtuchs und trocknet es vor. – Wenn sie ihm nur Gotisch ersparen und Althochdeutsch, oder wenn ich für ihn antworten könnte, falls sie mit Ablautreihen anfangen. – Jetzt kommt die Chefin, sie hat in dem privaten Hinterzimmer gefrühstückt, hat sich ausgeruht, und bevor sie zu ihrer persönlichen Kundin zurückfindet, die unter einer Haube leidet, segelt sie an allen Kabinen vorbei, um mögliche Veränderungen festzustellen: ja, Guten Tag, Frau Stasny. Senta antwortet, während die junge Friseuse mißmutig an ihr weiterarbeitet, und auf einmal ist man beim Ereignis des Tages. Nein, vorbei ist es wohl noch nicht, man wird jetzt wohl mitten drin sein. Wie bitte? Das weiß ich nicht: ob mit dem Examen alles geschafft ist. Jedenfalls herzlichen Glückwunsch, sagt die Chefin, und Senta, ohne zu zögern: danke.

Was erzählte Jans Lieblingsonkel? Das beste Examen, das je an der amerikanischen Westküste gemacht wurde, fand in einer Zuchthauszelle statt: ein betagter Doppelmörder, der als Neunzehnjähriger seine Eltern umbrachte, weil sie ihm nicht erlaubten, das Verhalten der Nachtvögel zu erforschen, machte unter ungewöhnlichen Sicherheitsvorkehrungen sein Hauptexamen in Ornithologie vor einer Prüfungskommission der Universität von Kalifornien. Er bestand mit höchstem Lob und verzichtete où elle était fatiguée, il la conduisait dans sa chambre, fumait une cigarette à côté de son lit, aérait et retournait à son travail. Qu'il ait pu boire pendant ce temps de l'eau gazeuse et de l'eau-de-vie de grain! D'après ce que les savants ont découvert, les émissions de variétés et les histoires d'amour conviennent le mieux pour raccommoder des mariages menacés; de plus, une statistique triomphante promet à tous les couples qui ont la télévision au lit que leur prolificité ira croissant. – Vous pouvez vous redresser.

Une serviette chaude vient s'étendre sur le visage de Senta, à travers l'étoffe celle-ci sent les doigts de la coiffeuse qui passent sur son menton, sur ses joues; puis la coiffeuse rassemble la chevelure mouillée dans un creux de la serviette et fait un préséchage. – Pourvu qu'ils lui épargnent le gothique et le vieux haut allemand, ou si je pouvais répondre à sa place s'ils se lancent dans les séries apophoniques. – Maintenant arrive la patronne, elle vient de prendre son petit déjeûner dans l'arrière-boutique privée, s'est reposée, et avant d'aller retrouver sa cliente personnelle qui languit sous un casque, elle passe, toutes voiles dehors, derrière toutes les cabines pour constater d'éventuels changements: oh, bonjour madame Stasny. Senta répond, tandis que la jeune coiffeuse continue à s'affairer maussadement sur elle, et tout d'un coup on en est à l'événement du jour. Non, je ne pense pas que ce soit terminé déjà, ils doivent être en plein dedans, pour l'instant. Vous dites? Ça, je ne le sais pas, si avec l'examen la partie est gagnée. En tout cas, toutes mes félicitations, dit la patronne, et Senta, sans hésiter: merci.

Qu'avait raconté l'oncle préféré de Jan? Le meilleur examen qui ait jamais été passé sur la côte Ouest des Etats-Unis s'est déroulé dans une cellule d'une maison de réclusion: un double assassin déjà âgé qui, à dix-neuf ans, avait tué ses parents parce qu'ils ne lui permettaient pas d'étudier la vie des oiseaux nocturnes a passé, après que des dispositions de sécurité exceptionnelles eussent été prises, son examen principal d'ornithologie devant une commission d'examen de l'université de Californie.

offensichtlich darauf, die prüfenden Professoren in Verlegenheit zu bringen. In der Nacht nach dem Examen erhängte er sich.

Senta schließt die Augen, lauscht auf die achtlose Geläufigkeit, mit der die junge Friseuse das Haar behandelt, spürt den wohligen Druck der fremden Fingerkuppen auf ihrer Kopfhaut. Eine scheue Männerstimme bietet etwas an, wiederholt das Angebot: Postkarten. Da steht ein Kerl mit dünnem Haar und den eiligen Augen des Gewohnheitstrinkers im Laden und bietet Ansichtskarten an. Kein Bedarf, sagt die Friseuse, aber der Mann hat längst Sentas Nachgiebigkeit erkannt und wartet. Geben Sie mir sechs Karten, sagt Senta. Es ist Ausschuß, das sieht sie, vielleicht irgendwo gestohlen, zur Not kann man sie dennoch gebrauchen, also: sechs Karten, auf denen man, unter Umständen, die Nachricht vom bestandenen Examen verbreiten kann.

Die Friseuse erscheint frostiger, fast, als ob der Kauf gegen sie gerichtet sei, ein Protestkauf, eine Kampfansage, sie blickt nicht ein einziges Mal in den Spiegel. So, bitte. Jetzt unter die Haube. Später steckt Senta die Karten in die Umhängetasche, gibt der Friseuse ein Trinkgeld, das gleichgültig, allenfalls mit angedeutetem Lächeln kassiert wird. Gezahlt wird bei der Chefin an der Kasse. Dann steigt wohl bald die Examensfeier, Frau Stasny? Bald ja, aber ich muß noch eine Menge vorbereiten.

Bevor Senta auf die Straße tritt, schiebt und drückt sie geschickt ihre Frisur zurecht zu gewohnter Lage, wischt sich den Schweiß von den Nasenflügeln: zu Hause wird sie die Frisur endgültig korrigieren. Ein heißer Wind geht durch die Straßen, schlägt ein Knallgeräusch aus den Markisen vor den Schaufenstern heraus. Ihr Rock wird hochgedrückt und klemmt sich zwischen den Schenkeln fest. Tarn dich, Kleine, sagt eine bekannte Stimme, tarn dich und bedeck dich, sonst holen dich die Haifische. Ach, Charles.

Und Charles, flachbrüstig, bärtig, ein Riese, der vergnügt das

Il a été reçu avec les plus hauts éloges et s'est visiblement abstenu de mettre ses examinateurs dans l'embarras. La nuit d'après l'examen il s'est pendu.

Senta ferme les yeux, suit de l'oreille la facilité routinière avec laquelle la jeune coiffeuse traite ses cheveux, perçoit la délectable pression que la pointe de ces doigts étrangers exerce sur son cuir chevelu. Une craintive voix d'homme propose quelque chose, répète son offre: des cartes postales. Un bonhomme au cheveu mince et aux yeux agités de buveur invétéré est dans le magasin et propose des cartes illustrées. N'avons pas besoin, dit la coiffeuse, mais il y a longtemps que l'homme a détecté la docilité de Senta, et il attend. Donnez-moi six cartes, dit Senta. C'est du rebut, elle le voit bien, peut-être ont-elles été volées quelque part, mais à la rigueur on peut s'en servir quand même, donc: six cartes sur lesquelles, éventuellement, on pourra répandre la nouvelle du succès à l'examen.

La coiffeuse paraît plus glaciale, comme si cet achat était dirigé contre elle, un achat contestataire, un défi, elle ne regarde pas une seule fois dans le miroir. Et voilà. Maintenant sous le casque. Plus tard Senta glisse les cartes dans son sac, donne à la coiffeuse un pourboire que celle-ci empoche avec indifférence et tout juste l'esquisse d'un sourire. Le paiement se fait auprès de la patronne, à la caisse. Alors, vous allez sans doute bientôt fêter l'examen, madame Stasny? Bientôt, oui, mais j'ai encore des tas de choses à préparer.

Avant de passer dans la rue, Senta pousse et rajuste adroitement sa coiffure dans sa position normale, essuye la sueur des ailes de son nez: à la maison elle corrigera définitivement la coiffure. Un vent chaud court par les rues, faisant claquer les marquises devant les étalages. La jupe de Senta se trouve pressée vers le haut et se colle entre les cuisses. Camoufle-toi, petite, dit une voix connue, camoufle-toi et couvre-toi, sinon les requins vont t'attraper. Oh, Charles.

Et Charles, le torse plat, barbu, un géant qui semble porter

Leiden der Welt zu tragen scheint, bietet ihr an, von seiner Melone abzubeißen, die er aus dem Gemüsegeschäft herausgetragen hat. Das einzige, was mich erfrischt, Senta, sagt er, und kommt ihr in diesem Moment augenlos vor hinter der nickelgefaßten Brille. Nein danke. Dein Alter schwitzt jetzt wohl, sagt Charles; in diesen Breiten muß man sein Examen im Februar machen, wie ich. Aber mach dir keine Sorgen: im Grunde läuft alles darauf hinaus, auf blöde Fragen erstklassige Antworten zu geben, und unser Jan wird's schaffen. Ich hab's euch vorausgesagt.

Charles latscht mit hängenden Schultern neben ihr her, schlägt seine Zähne in die Melonenscheibe, erinnert Senta, daß es ihnen beiden beim Abhören nicht ein einziges Mal gelang, Jan in Verlegenheit zu bringen. Du wirst sehen: dein Alter bringt das Examen des Jahres nach Hause. Senta strebt in den schmalen Schatten vor den Geschäften. Geht's dir nicht gut? Du kannst mir helfen, das Bier nach Hause zu tragen, das du nachher trinken wirst. Muß das sein?

Also zu Feinkost-Grützner, der alles in zwei Pappkartons gepackt hat, was die Examensfeier erst zur Feier machen soll, für Senta bleibt nur das Netz, das ihr noch nie so schwer erschienen ist wie an diesem Tag. Da ist ein Schmerz in der Schulter und im Ellenbogengelenk, und der verstärkte Griff des Netzes in ihrer Hand brennt sich in die Haut ein. Nicht so schnell, Charles, sagt Senta. Sie bleibt stehn. Sie lehnt sich an einen Fahrradständer an, bläst mit vorgeschobener Unterlippe über ihr Gesicht. Es geht schon wieder.

Nebeneinander überqueren sie die Straße, und im Hausflur setzt Senta sich auf eine Treppenstufe und fordert Charles auf, die Kartons abzustellen, doch da er sie gerade im Griff hat, wie er sagt, trägt er sie nach oben und stellt sie vor der Tür ab. Sie hört ihn langsam herunterkommen. Er sagt: Dir scheint's wirklich mies zu gehn. Er sagt auch: Soll ich das Netz raufbringen. Sie schüttelt den Kopf, zieht sich am Treppenpfosten hoch, winkt gaiement les souffrances de ce monde, lui offre qu'elle morde dans le melon qu'il vient de sortir du magasin de légumes. La seule chose qui me rafraîchisse, Senta, dit-il, et à cet instant il lui paraît sans yeux derrière ses lunettes à monture de nickel. Non merci. Ton homme sue sang et eau en ce moment, je suppose, dit Charles; sous ces latitudes il faut passer son examen en février, comme j'ai fait moi. Mais ne te tracasse pas: au fond, tout cela se ramène à fournir des réponses de premier ordre à des questions idiotes, et notre Jan s'en tirera. Je vous l'ai prédit.

Les épaules tombantes, Charles se trimbale à côté d'elle, enfonce ses dents dans la tranche de melon, rappelle à Senta qu'ils n'ont pas une seule fois réussi à eux deux, en interrogeant Jan, à le coller. Tu vas voir: ton homme ramènera à la maison l'examen de l'année. Senta recherche l'étroite bande d'ombre devant les magasins. Ça ne va pas? Tu pourrais m'aider à porter à la maison la bière que tu boiras tout-à-l'heure. Tu crois vraiment?

On va donc chez Grützner-Comestibles, qui a fourré dans deux cartons tout ce qui est censé faire de la célébration de l'examen une véritable fête, pour Senta ne reste que le filet, qui ne lui a jamais paru si lourd que cette fois-ci. Il y a là une douleur dans l'épaule et dans l'articulation du coude, et l'anse renforcée du filet, dans sa main, brûle sa peau en s'y enfonçant. Pas si vite, Charles, dit Senta. Elle s'arrête. Elle s'appuye contre un râtelier à bicyclettes, souffle sur son visage en avançant la lèvre inférieure. On peut de nouveau y aller.

Côte à côte ils traversent la rue, et dans l'entrée de l'immeuble Senta s'assied sur une marche de l'escalier et invite Charles à poser les cartons, mais puisqu'il les a justement bien en main, comme il dit, il les monte et les dépose devant la porte. Elle l'entend redescendre lentement. Il dit: ça a vraiment l'air d'aller mal, toi. Il dit aussi: veux-tu que je monte le filet. Elle secoue la tête, se remet debout en se hissant au poteau de l'esca-

Charles' Gesicht lächelnd zu sich herunter und küßt ihn auf die Wange. Danke, bis nachher. Er bleibt stehn und beobachtet Senta, während sie die Treppe hinaufsteigt, er wartet, bis sie den Treppenabsatz erreicht hat, jetzt winken sie sich noch einmal zu.

Zweimal muß sie den Schlüssel im Schloß umdrehen, also ist ihre Mutter schon gegangen, dort auf dem Küchentisch liegt ein Zettel. Sie legt sich auf die Couch, zündet sich eine Zigarette an, liest den Zettel noch einmal und blickt auf den Rauch der Zigarette, den die Zugluft flach wegreißt. Liegend zieht sie den Rock aus, hebt ihn mit dem Fuß hoch; eine berechnete, wischende Bewegung, und der Rock landet auf einem Lederpuff. Dies fiepende Geräusch, als ob Luft stoßweise aus einem Schlauch entweicht. Senta horcht auf das Geräusch, räuspert sich, hustet und steht auf. Können Sie mir Beispiele dafür nennen, in welcher Form das klassische Motiv der Goldenen Kette in der Literatur wieder aufgenommen wird?

Senta geht ins Badezimmer, zieht sich aus, angelt eine blauweiße Badekappe von der Brause herunter, über die Jan lachen mußte, als er sie zum ersten Mal damit sah, und später immer wieder lachte, wenn sie das Ding aufsetzte: weißt du, wie du aussiehst? Wie ein Seehund, der sich als Husar verkleidet hat. Sie zwängt das Haar sorgfältig unter die Kappe, stellt die Brause an, sieht die Kachelwand Glanz gewinnen unter der scharfen Schraffur des Wasserstrahls, der stäubend auf dem Boden zerspringt. Die Zigarette ist vom Rand der Seifenschale herabgefallen, das Wasser schwemmt sie zum Abfluß, löst das Papier und spült die Tabakfasern fort. Senta tritt unter den Strahl und hebt die Arme. War das die Türklingel? Im Bademantel geht sie zur Tür, öffnet; auf der Fußmatte liegt ein Blumenstrauß, ein Brief für Jan ist angepinnt.

Jetzt wird es Zeit; Senta zieht sich vor dem großen Schrankspiegel an, rauchend, überlegend, wo sie zuletzt die Beschreibung eines Mädchens gelesen hat, das sich vor dem Spiegel lier, de la main et en souriant elle appelle le visage de Charles à descendre vers le sien, et elle l'embrasse sur la joue. Merci, à tout à l'heure. Il reste là et observe Senta tandis qu'elle monte l'escalier, il attend qu'elle ait atteint le palier, maintenant ils se font encore signe.

Elle doit donner deux tours de clé dans la serrure, sa mère est donc déjà partie; là-bas, sur la table de la cuisine il y a un billet. Elle s'étend sur le divan, allume une cigarette, relit le billet et suit des yeux la fumée de la cigarette que le courant d'air emporte en nappes.

Toujours étendue, elle retire sa jupe, la soulève du pied; un mouvement calculé, balayant, et la jupe atterrit sur un pouf de cuir. Ce chuintement, comme quand l'air sort par bouffées d'un tube. Senta note le bruit, s'éclaircit la gorge, tousse et se lève. Pouvez-vous me fournir des exemples de la forme sous laquelle le motif classique de la chaîne d'or est repris dans la littérature?

Senta va dans la salle de bain, se déshabille, attrape sur la douche un bonnet de bain bleu-blanc qui a fait rire Jan lorsqu'il l'a vue pour la première fois ainsi coiffée, et qui n'a cessé de le faire rire par la suite, chaque fois qu'elle mettait ce machin: sais-tu de quoi tu as l'air? D'un phoque qui s'est déguisé en hussard. Elle fourre soigneusement ses cheveux sous le bonnet, fait couler la douche, voit le mur carrelé se mettre à briller sous le hachage dru du jet d'eau qui éclate sur le fond en se pulvérisant. La cigarette est tombée du bord du porte-savon, l'eau l'entraîne vers l'orifice d'écoulement, défait le papier et emporte les brins de tabac. Senta se met sous le jet et lève les bras. Etait-ce la sonnette de l'entrée? En peignoir elle va à la porte, ouvre; sur le paillasson il y a un bouquet de fleurs, une lettre pour Jan y est épinglée.

Il se fait tard maintenant; Senta s'habille devant la grande glace de l'armoire, tout en fumant, en se demandant où elle a lu la dernière fois la description d'une jeune fille qui s'habille deanzieht. Sie hat das Gefühl, eine fremde Person nachzuahmen. Sie kämmt und legt ihr Haar und bindet ein neues Stirnband um. So, wie sie jetzt auf sich zutritt in dem hellgrünen Kleid, schmal, hochhüftig, schwankend zwischen Skepsis und Einverständnis, hat es das Mädchen im Roman auch getan – bevor es zur Gerichtsverhandlung ging, um gegen ihren ehemaligen Lehrer auszusagen. – Ich muß was essen, denkt sie, vielleicht einen Apfel, wenn der nicht alles verschmiert. Sie stellt den Transistor an, hört die letzten Takte von *Up, up and away*, trägt den Transistor in die Küche, um die Kartons und das Netz auszupacken.

Auf einmal hält sie inne, tritt, zwei Flaschen in der Hand, auf den Flur, blickt auf das Schlüsselloch, erkennt, daß da vorsichtig ein Schlüssel hereingeschoben wird: es muß Jan sein.

Sie läuft in die Küche zurück, stellt die Musik lauter: sie wird ihn nicht gehört haben, sie wird sehr überrascht sein. Ja? Jan, was ist? Ja oder Nein? Warum sagst du nichts?

Da kommt also Jan, schiebt sich blicklos an ihr vorbei, er trägt sein Jackett unterm Arm, wirft die Kollegmappe auf den Küchentisch. Sag doch, was ist? Er gibt nichts preis, sein Gesicht verrät nichts, die dunklen Kalmückenaugen gestehen nichts ein, aus seinen Gesten ist nichts zu erfahren. Wie läßt sich diese Ruhe auslegen, mit der er den Küchenschrank öffnet, zwei Gläser herausnimmt; was besagt sein Schweigen, das er nicht aufgibt, während er die Gläser mit Sprudel und Korn füllt. Bestanden, Jan, nicht, du hast doch bestanden? Er zwingt Senta ein Glas in die Hand, tritt zurück, hebt ihr das eigene Glas entgegen und steht so gegen das unerträgliche Licht und atmet seufzend aus. Also auf das, was hinter uns liegt. Bestanden, fragt sie abermals, und er darauf: Mit Auszeichnung!

Jan trinkt mit zurückgelegtem Kopf, mit geschlossenen Augen. Senta führt das Glas an die Lippen, sieht, wie das Glas zittert und stellt es schnell ab, ohne getrunken zu haben. So, und nun vant la glace. Elle a l'impression d'imiter quelqu'un d'autre. Elle se peigne, arrange ses cheveux et noue un nouveau bandeau sur son front. Comme elle avance maintenant vers son image, dans sa robe vert clair, mince, les hanches hautes, hésitant entre le scepticisme et l'approbation, ainsi a fait aussi la jeune fille du roman – avant de se rendre à l'audience du tribunal pour témoigner contre son ancien professeur. – Il faut que je mange quelque chose, pense-t-elle, une pomme peut-être, si elle ne barbouille pas tout. Elle allume le transistor, entend les dernières mesures de *Up, up and away*, porte le transistor à la cuisine où elle doit déballer les cartons et le filet.

Soudain elle s'arrête; deux bouteilles à la main, elle fait un pas dans l'entrée, dirige son regard vers le trou de la serrure, s'aperçoit que quelqu'un y introduit doucement une clé: ce doit être Jan.

Elle retourne à la cuisine, met la musique plus fort: elle ne l'aura pas entendu, elle sera très surprise. Oui? Jan, qu'est-ce qu'il y a? Oui ou non? Pourquoi ne dis-tu rien?

Voilà donc Jan qui arrive, qui passe près d'elle en se glissant, sans un regard; il porte sa veste sous le bras, jette le porte-document sur la table de la cuisine. Mais dis, où en es-tu? Il ne révèle rien, son visage ne trahit rien, les sombres yeux de Kalmouk n'avouent rien, de ses gestes on ne peut rien induire. Comment interpréter le calme avec lequel il ouvre le buffet, en sort deux verres; que signifie son mutisme, qu'il n'abandonne pas tandis qu'il remplit les verres d'eau gazeuse et d'eau-de-vie de grain. Reçu, Jan, n'est-ce pas, tu as bien été reçu? Il presse un verre dans la main de Senta, recule, lève son propre verre dans sa direction; il se tient ainsi contre l'insupportable lumière et pousse un soupir. Eh bien donc, à ce qui est passé. Reçu! demande-t-elle une nouvelle fois, et lui: avec mention très bien!

Jan boit, la tête rejetée en arrière, les yeux fermés. Senta porte le verre à ses lèvres, voit comme il tremble et le repose rapidement, sans avoir bu. Voilà, et maintenant tu peux me féliciter, kannst du mir gratulieren, sagt Jan, und sie preßt sich gegen den gedrungenen Mann und will anscheinend nicht aufhören, ihn auf eine Weise zu umarmen, die seinen Stand nicht gerade leicht macht; fast sieht es so aus, als würge sie ihn von vorn. Sie drückt ihn gegen die Platte des Küchentisches. Sie küßt ihn. Jan schiebt sein Glas weit von sich. Ich freu mich, Jan, oh, ich freu mich. Blumen sind schon für dich da. Er löst ihre Finger in seinem Nacken, zieht sie nach vorn und jetzt lächelt er: alles bereit für die Feier? Alles, sagt Senta. Dann komm, komm, du mußt zuerst hören, wie es ging.

Sie sitzen auf den geplatzten Lederpuffs vor dem kleinen Rundtisch, sie haben die Gläser ausgetrunken und wieder gefüllt, sie halten sich bei den Händen, als gelte es, etwas durchzustehen.

Du hättest Jäger erleben müssen, sagt Jan, er wollte es mir nicht leicht machen, er begann gleich mit seinem Lieblingsthema: die Deutsche Kritik. Lessing?, fragt Senta. Schlegel, sagt Jan, das heißt: doch Lessing, na, du weißt, Schlegels Besprechung von Lessings «Wesen der Kritik»; da konnte ich ihm etwas erzählen. Geht's dir nicht gut?

Senta drückt ihre Zigarette aus, sie steht plötzlich auf und geht zum offenen Fenster und preßt gleich darauf ihre Hände auf ihren Unterleib. Senta? Ja, sagt sie, ja. Sie hat Tränen in den Augen, als hätte sie ihr Gesicht in einen kalten Wind gehalten. Es ist nichts, Jan, ich bekomm nur so schwer Luft auf einmal. Trink etwas. Er reicht ihr sein Glas, sie trinkt einen Schluck, setzt sich und sieht ihn fragend an: und Barockdichtung? Die ist gar nicht drangekommen, aber rate mal, wo der alte Pörschke mich reinlegen wollte, nachdem ich Jäger sehr gut bedient hatte. Na?

In der Klassik, ich sollte ihm das Kunstideal der Klassik beschreiben, und ich holte weit aus beim Sturm und Drang, Natur- und Gefühlsschwärmerei, weißt schon, und wie die überwunden wurden. Ich wußte gar nicht, daß Pörschke nur dit Jan, et elle se presse contre cet homme trapu, apparemment elle ne va plus s'arrêter de l'étreindre, d'une manière qui ne favorise pas précisément l'équilibre de sa position; on croirait qu'elle l'étrangle par devant. Elle le pousse contre le plateau de la table de cuisine. Elle l'embrasse. Jan pousse son verre loin de soi. Je suis contente, Jan, oh, je suis contente. Des fleurs sont déjà arrivées pour toi. Il délie les doigts qu'elle a noués dans sa nuque, les ramène en avant, et maintenant il sourit: tout est prêt pour la fête? Tout, dit Senta. Alors viens, viens, il faut que tu écoutes d'abord comment ça s'est passé.

Ils sont assis sur les poufs de cuir crevés, devant la petite table ronde, ils ont vidé leurs verres et les ont de nouveau remplis, ils se tiennent par les mains comme s'il s'agissait de faire front à quelque chose. Tu aurais dû voir Jäger, dit Jan, il n'avait pas l'intention de me faire la partie belle, il a immédiatement abordé son sujet préféré: la critique allemande. Lessing? demande Senta. Schlegel, dit Jan, ou plutôt: Lessing quand même, enfin, tu sais bien, la critique par Schlegel de «l'Essence de la Critique» de Lessing; là j'ai pu lui en dire, des choses. Tu ne te sens pas bien?

Senta éteint sa cigarette, elle se lève brusquement et va à la fenêtre ouverte, et tout de suite après elle presse ses mains sur son ventre. Senta? Oui, dit-elle, oui. Elle a des larmes dans les yeux, comme si elle avait exposé son visage à un vent froid. Ce n'est rien, Jan, seulement j'ai tant de mal à respirer, tout à coup. Bois quelque chose. Il lui tend son verre, elle boit une gorgée, s'assied et le regarde d'un air interrogateur: et la poésie baroque? Celle-là n'est pas venue du tout, mais devine un peu sur quoi le vieux Pörschke a voulu m'avoir, maintenant que j'avais très bien joué le jeu de Jäger. Alors! Sur le classicisme, il voulait que je lui expose l'idéal artistique du classicisme, et je suis remonté loin, au *Sturm und Drang*, à l'exaltation de la nature et du sentiment, tu vois un peu, et à la manière dont tout cela a été dépassé. J'ignorais totalement que Pörschke ne drei Worte hören wollte, du hast sie mitgeschrieben damals in seiner Vorlesung, aber ich kam nicht drauf, ich immer bloß von Schönheit als Harmonie zwischen sinnlichem Trieb und dem Gesetz der Vernunft, aber das war's nicht. Und auf einmal fiel mir ein, was du mir unter der Brause sagtest, als du mich abgeseift hast, weißt du noch? Bändigung, Formung, Normung. Du bist ganz blaß, Senta?

Senta springt auf, läuft zur Toilette, sie schließt die Tür von innen ab, kniet sich hin und legt die Arme auf den Rand des Beckens und übergibt sich. Ein plötzlicher Schmerz im Hinterkopf, ein spannender Schmerz über den Schläfen halten sie in der knieenden Stellung fest, ihre Augen tränen heftig, der Druck läßt nach. Sie steht im Dunkeln auf und macht Licht. Sie blickt in den Spiegel über dem kleinen Ausguß und spürt, daß sie sich gleich wird wieder übergeben müssen. Das Schwindelgefühl ist so stark, daß sie sich mit einer Hand am Ausguß festhält, während sie sich mit der andern das Gesicht wäscht. Senta, ruft Jan, was ist passiert. Sie antwortet nicht, spült zuerst ihren Mund aus, dann öffnet sie die Tür. Du schwankst ja, Senta, hast du Fieber?

Jan stützt sie und führt sie langsam zur Couch. Er legt sie hin und hebt ihre Beine herauf. Es tut mir leid, Jan, es tut mir so leid. Bleib nur liegen, sagt er, ein paar Minuten, dann ist es vorbei. Es kommt wieder, Jan, ich spür es. Was meinst du? Mir ist so schlecht.

Jan steht rauchend vor der Couch, in einer Hand ein Glas, er sieht, wie ein Schüttelfrost ihre Haut aufrauht, hört ihren angestrengten Atem. Du kannst uns doch nicht krank werden, sagt er, ausgerechnet heute; du willst doch wohl kein Spielverderber sein. Es tut mir so leid, Jan. Er setzt sich auf den Couchrand, stellt das Glas ab, legt eine Hand auf ihre zuckende Schulter und glaubt auf einmal einen unbekannten Ausdruck dieses Gesichts zu entdecken, einen Ausdruck schlimmer Erleichterung oder Unterwerfung, und er fährt leicht, beinahe andeutend über voulait entendre que trois mots, tu les as notés à l'époque, à son cours, mais je ne tombais pas dessus, je ne parlais toujours que de la beauté, entendue comme la conjonction harmonieuse de l'impulsion des sens et de la loi de la raison, mais ce n'était pas ça. Et subitement je me suis ressouvenu de ce que tu m'avais dit sous la douche, quand tu m'as savonné, tu te rappelles? Maîtrise, forme, norme. Tu es toute pâle, Senta?

Senta se lève d'un bond, court aux toilettes, elle verrouille la porte de l'intérieur, se met à genoux, étend les bras sur le bord de la cuvette et vomit. Une subite douleur dans l'occiput, un élancement aux tempes la maintiennent dans sa position agenouillée, ses yeux coulent abondamment, la pression se relâche. Elle se trouve dans l'obscurité et allume la lumière. Elle jette un regard dans le miroir au-dessus du petit lavabo et sent qu'elle va devoir tout de suite vomir de nouveau. Le vertige qu'elle éprouve est si violent qu'elle se retient d'une main au lavabo, tandis qu'elle se lave le visage de l'autre. Senta, s'écrie Jan, que se passe-t-il? Elle ne répond pas, se rince d'abord la bouche, puis elle ouvre la porte. Mais tu chancelles, Senta, tu as de la température?

Jan la soutient et la guide à pas lents vers le divan. Il l'étend et soulève ses jambes. Je suis désolée, Jan, tout à fait désolée. Allons, reste couchée, dit-il, quelques minutes, et ce sera passé. Ça recommence, Jan, je le sens. Que veux-tu dire? Ça ne va pas du tout.

Jan est debout devant le lit, il fume, tient un verre à la main, il voit un frisson lui donner la chair de poule, l'entend respirer avec peine. Tu ne peux pas, tout de même, nous tomber malade, dit-il, justement aujourd'hui; tu ne vas pas jouer les trouble-fête. Je suis désolée, Jan, tu ne peux pas savoir. Il s'assied au bord du divan, pose son verre, met une main sur son épaule animée de mouvements convulsifs, et croit tout à coup découvrir une expression inconnue de ce visage, une expression de pénible soulagement ou de soumission, et légèrement, presque

Sentas Gesicht, gerade so, als wolle er diesen Ausdruck wegwischen.

Sie werden bald kommen, Senta. Es tut mir so leid, Jan, aber es geht nicht, ich kann nicht. Soll ich denn alles absagen? Du siehst doch, Jan: ich kann nicht.

Sie wendet sich ihm zu und sieht ihn schweigend an, und nach einer Weile steht er auf, holt sein Jackett aus der Küche, geht zur Tür und winkt ihr zu, bevor er die Wohnung verläßt.

## Heinrich Böll: Er kam als Bierfahrer

### I

Am besten gefielen ihm die schlanken Weinflaschen, sie paßten so gut in seine Manteltaschen; nie hatte er mehr Gepäck, als in seine Manteltaschen paßte; in der einen Weinflasche und ein Stück Käse, in der anderen Brot, Tabak, Zigarettenpapier, Zündhölzer; kein Taschentuch, keine Zahnbürste; an Seife genügte ihm, was er in den Toiletten der Züge fand;

dort schneuzte er sich auch mit den Fingern, wusch Hemden und Socken und ließ die Wäsche an seinem warmen Leib trocknen. Das äußerste, was er sich an Gepäck zumutete, war ein Papierbeutel mit Brathähnchen, Brot, Früchten: die Reste konnte er nach der Mahlzeit aus dem Zugfenster werfen.

Was ihm auffiel: zueinander sagten sie Sie, zu ihm Du; immer war's ein banges, respektvolles Du; außerdem: wenn er ein Abteil erster Klasse betrat, dieses kurze Zögern, als wenn einer ihm hätte sagen wollen: Verzeihen Sie, aber das ist die erste Klasse. Er tötete dieses kurze Zögern mit einem Lachen: jedesmal dann die leise Spannung, wenn der Schaffner kam und das par une allusion de geste, il passe la main sur le visage de Senta, comme s'il voulait effacer cette expression.

Ils vont bientôt arriver, Senta. Je regrette infiniment, Jan, mais ça n'ira pas, je ne peux pas. Faut-il donc que je décommande tout? Tu vois bien, Jan: je ne peux pas. Elle se tourne vers lui et le regarde en silence, et au bout d'un moment il se lève, va chercher sa veste à la cuisine, se dirige vers la porte; il lui fait encore un signe de la main, puis il quitte l'appartement.

## Heinrich Böll: Il vint comme livreur de bière

### I

Ce qui lui plaisait le plus, c'étaient les bouteilles de vin élancées, elles allaient bien dans les poches de son manteau; il n'avait jamais plus de bagages que ce qui allait dans les poches de son manteau; dans l'une une bouteille de vin et un morceau de fromage, dans l'autre du pain, du tabac, du papier à cigarettes, des allumettes; pas de mouchoir, pas de brosse à dents; pour le savon, ce qu'il trouvait aux toilettes des trains lui suffisait; c'est là aussi qu'il se mouchait dans ses doigts, lavait chemises et chaussettes puis laissait sécher son linge sur son corps chaud. Le maximum de ce qu'il s'imposait comme bagage, c'était un sac de papier avec un poulet grillé, du pain, des fruits: les restes, il pouvait les jeter par la fenêtre du train, après le repas.

Ce qui le frappait: entre eux ils se disaient «vous», à lui «tu»; c'était toujours un «tu» craintif, respectueux; et puis: quand il entrait dans un compartiment de première classe, cette brève hésitation, comme si quelqu'un avait voulu lui dire: excusez-moi, mais ici c'est la première classe. Il surmontait cette brève hésitation par un rire: puis la légère tension quand arrivait le

Vorzeigen der Karte fällig wurde, und dann beides: Erstaunen und Erleichterung, wenn er das grüne und das weiße Pappding aus der Tasche zog und vorzeigte. Nicht einmal gegen sein Rülpsen wagten sie den Blick zu erheben. Die Frauen rückten entweder von ihm ab oder zu nahe an ihn heran, und beides mochte er nicht.

Was ihn am meisten verwunderte: die Lippenstifte; jedesmal, wenn eine Frau einen aus der Tasche zog und an den Mund führte, lachte er laut: er hatte nicht geglaubt, daß dieser Kult so weit nach Norden vorgedrungen und so verbreitet war. Diese Ungeniertheit der Frauen und die Ahnungslosigkeit der Männer, die ihr eigenes Symbol nicht erkannten, amüsierte ihn. Im Laufe der langen Reise begriff er, daß auch die Frauen sich ahnungslos dieses offenkundigen Symbols bedienten, und er lachte noch lauter. Kein Sinn für Zeichen und Wunder. Nur die Kellner schienen etwas zu ahnen: sie bedienten ihn ohne bösartige Untertänigkeit, brachten ihm, ohne daß er fragen mußte, nur Dinge, die er mit den Händen essen konnte: Huhn, Brot, Früchte, und waren nicht einmal über die Höhe seiner Trinkgelder erstaunt.

Zweimal, in Wien und München, dauerte der Aufenthalt länger, und er ging in die nächstgelegene Kneipe, hockte sich an die Theke, trank Bier, küßte die Wirtinnen in die Handfläche, streichelte ihren Unterarm, und beide Wirtinnen fuhren ihm mit der freien Hand durchs Haar und murmelten: «Was suchst Du denn hier?»;

beide Male antwortete er: «Europa»; die eine – er wußte nicht, obs in Wien oder München gewesen war – murmelte: «Europa? Hier nicht»; die andere: «Europa, aber doch nicht hier?»; und die eine sagte, als er sie in die Hand küßte: «Gott», die andere: «Bulle».

Die fremden Ortsnamen nahm er in den Mund wie Weinproben; München schmeckte nicht, Ulm schmeckte; Stuttgart und Frankfurt schmeckten ihm nicht, Mainz: er nickte. Der contrôleur et qu'était venu le moment de présenter son billet, et alors les deux choses: surprise et soulagement lorsqu'il tirait de sa poche et présentait le bout de carton vert, et le blanc. Même contre ses rots ils n'osaient lever le regard. Les femmes s'écartaient de lui ou s'en approchaient trop, et aucune de ces deux réactions ne lui plaisait.

Ce qui le surprenait le plus: les bâtons de rouge; chaque fois qu'une femme en sortait un de son sac et le portait aux lèvres, il riait tout haut: il n'avait pas cru que ce culte avait pénétré si avant dans le nord et qu'il était si répandu. Cette insouciance des femmes et l'inconscience des hommes qui ne reconnaissaient pas leur propre symbole l'amusaient. Dans le cours de son long voyage il finit par comprendre que les femmes n'avaient pas conscience non plus, en s'en servant, de sa valeur évidente de symbole, et cela le faisait rire plus fort encore. Aucun sens des signes et des miracles. Seuls les garçons de restaurant paraissaient deviner quelque chose: ils le servaient sans obséquiosité maligne, lui apportaient uniquement, sans qu'il dût le demander, des choses qu'il pouvait manger avec ses doigts: poulet, pain, fruits et ils ne s'étonnaient même pas de la générosité de ses pourboires.

Deux fois, à Vienne et à Munich, le séjour avait été plus long, et il était allé dans le plus proche caboulot, s'était assis au comptoir, avait bu de la bière, avait baisé le plat de la main de la patronne, lui avait caressé l'avant-bras, et les deux patronnes lui avaient passé leur main libre à travers les cheveux en murmurant: «Que viens-tu donc chercher ici?»; les deux fois il avait répondu: «Europe»; l'une – il ne savait plus si cela avait été à Vienne ou à Munich – avait chuchoté: «Europe? Pas ici»; l'autre: «Europe, mais pas ici, quand même?»; et l'une avait dit, après qu'il lui eût baisé le creux de la main: «Dieu», l'autre: «Taureau».

Les noms de lieux étrangers, il les brassait en bouche comme s'il dégustait des vins: Munich n'avait pas bon goût, Ulm oui; Stuttgart et Francfort n'étaient pas à son goût, Mayence: il

Rhein war gut, sehr gut war er; er blieb am Fenster stehen, solange der Zug am Rhein entlang fuhr; gut, er nickte vor sich hin und rauchte;

bei Koblenz (schmeckte nicht) wurde es dunkel, er ging ins Abteil zurück und schlief, bis ihn ein Ruf weckte, der wie ein Schuß klang: Bonn. Er lachte und nahm einen langen Zug aus seiner Weinflasche.

Köln schmeckte nicht; er mußte umsteigen. Im Zug nach Ostende saß er einem weißhaarigen Herrn gegenüber, der ihn über Zeitung, Brille und ein violettes Jabot hinweg anlächelte, die Zeitung weglegte, die Brille abnahm, und er hörte in seiner Sprache:

«Du, wo kommst du denn her?»

«Weißt du es nicht?» sagte er, und sein Mund war voll Wohlgeschmack, als er seine Sprache sprechen konnte.

Der alte Herr nickte, lächelte nicht mehr: «Was suchst du hier?»

«Europa.»

«Und wohin fährst du?»

«Nach London.»

Der Alte lachte, schüttelte den Kopf: «Europa ist doch nicht in London.»

«Wo, wo ist sie?»

«Nicht zu weit von Aachen?»

«Und wo ist Aachen?»

«Die übernächste Station.»

Der Alte war der erste, der die dargebotene Weinflasche nahm und draus trank. «Gott», sagte er, als er absetzte, «ist der gut», und als er die Flasche zurückgab, fragte er leise: «Warum bist du so traurig? Du wirst sie schon finden.»

«Es ist nicht Trauer, was du in meinen Augen siehst, es ist Neid.»

«Neid? Worauf?»

«Auf euch, weil ihr sterblich seid.»

opinait de la tête. Le Rhin était bon, très bon qu'il était; il resta debout à la fenêtre tant que le train longeait le Rhin; c'était bon, il hochait la tête et fumait; du côté de Coblence (pas bon goût) le soir venait, il regagna le compartiment et se mit à dormir jusqu'à ce qu'un cri le réveillât, claquant comme un coup de feu: Bonn. Il rit et prit une grande lampée de sa bouteille de vin.

Cologne n'avait pas bon goût; il lui fallait changer de train. Dans le train d'Ostende il se trouva assis en face d'un monsieur à cheveux blancs qui lui souriait par-dessus son journal, ses lunettes et un jabot violet, qui mit le journal de côté, ôta ses lunettes, et il l'entendit lui dire dans sa langue:

«Dis, d'où viens-tu donc?

– Tu ne le sais pas?» dit-il, et sa bouche était pleine de saveur, maintenant qu'il pouvait parler sa langue.

Le vieux monsieur hocha la tête, ne souriait plus: «Que viens-tu chercher ici?

– Europe.

– Et où vas-tu?

– A Londres.»

Le vieux se mit à rire, secoua la tête: «Mais Europe n'est pas à Londres.

– Où, où est-elle?

– Pas très loin d'Aix-la-Chapelle?

– Et où est Aix-la-Chapelle?

– Le deuxième arrêt.»

Le vieux était le premier à accepter la bouteille de vin qui lui était offerte et à en boire. «Dieu, dit-il en la posant, qu'il est bon», et en rendant la bouteille il demanda doucement: «Pourquoi es-tu si triste? Tu finiras bien par la trouver.

– Ce n'est pas de la tristesse, ce que tu vois dans mes yeux, c'est de l'envie.

– De l'envie? Qui envies-tu?

– Vous autres, parce que vous êtes mortels.

«Auch du bist sterblich», sagte der alte Herr nahm seine Zeitung unter den Arm, eine Tasche aus dem Netz und stand auf. Der Zug hielt. «Vergiß nicht, Aachen ist die nächste Station.»

Er blieb im Gang stehen. rauchte, dachte nach: war der Alte der Tod gewesen? Violett und weiß, und sprach so wunderbar seine Sprache. Eine junge Frau mit zuckendem Gesicht humpelte am Stock auf ihn zu, wollte vorbei; er nahm ihr zuckendes Gesicht in seine Hände wie eine Frucht, es wurde glatt und sanft; zwei, drei Griffe auf ihrem verkrümmten Rücken wie auf einem Musikinstrument; er nahm ihr den Stock weg und schleuderte ihn in den Gang; sie stöhnte: «Gott, o, Gott», wollte seine Hände küssen; er löste sich von ihr, lief in den nächsten Waggon, zog die Notbremse und sprang ab, bevor der Zug seinen letzten Ruck getan hatte.

Zwischen Bohnensträuchern lag er lächelnd auf dem Rücken, hörte Geschrei, sah, wie Lampen geschwenkt wurden; einer rief: «Es war dieser Grieche, dieser Gastarbeiter!» Er riß sich Bohnenhülsen ab, nahm die jungen Früchte aus der wattigen Schale, trank Wein dazu, wartete, bis der Zug nach vielem Lampengeschwenke weiterfuhr.

Er stand auf, ging, ohne sich die Erde von Mantel und Hose abzustreifen, zur Straße, auf den nächsten Ort zu. Was auf dem Ortsschild stand, gefiel ihm, gefiel ihm sehr: Langerwehe. An der nächsten Kneipe sah er hinter der Glastür den Schatten der Wirtin, die gerade abschließen wollte; er drückte die Tür sanft nach innen auf, blickte ihr in das breite müde Gesicht und sagte: «Gib mir rasch noch ein Bier.» Sie schloß hinter ihm ab, ging zur Theke, nahm ein Glas aus dem Schrank und hielt es unter den Zapfhahn.

«Du kannst nicht zufällig Auto fahren?» fragte sie.

«Doch», sagte er.

«Auch Lastwagen?»

«Ja.»

– Tu es mortel, toi aussi», dit le vieux monsieur, qui prit son journal sous le bras, descendit un sac du filet à bagages et se leva. Le train s'arrêtait. «N'oublie pas, Aix-la-Chapelle c'est la prochaine.»

Il resta dans le couloir, fuma, réfléchit: le vieux avait-il été la Mort? Violet et blanc, et il parlait si merveilleusement sa langue. Une jeune femme au visage ravagé de tics allait en claudiquant vers lui, appuyée sur une canne, et voulait passer; il prit son visage aux mouvements convulsifs entre ses mains comme on prendrait un fruit, il devint lisse et doux; deux, trois prises sur son dos déformé, comme sur un instrument de musique; il lui prit la canne et la lança au loin dans le couloir; elle gémissait: «Dieu, ô mon Dieu», cherchait à lui baiser la main; il se dégagea, courut dans la prochaine voiture, tira le signal d'alarme et sauta du train avant que celui-ci eût fait sa dernière secousse.

Parmi des broussailles de haricots il était étendu sur le dos en souriant, entendait des clameurs, voyait agiter des lanternes; quelqu'un s'écria: «C'était ce Grec, ce travailleur immigré!» Il arracha des cosses de haricots, sortit les jeunes fruits de leur enveloppe ouateuse, but en même temps du vin, attendit que le train, après une abondante agitation de lanternes, se remît en route. Il se leva, alla, sans s'essuyer la terre de son manteau et de son pantalon, en direction de la plus proche agglomération. Ce qui était écrit sur le panneau de localité lui plut, lui plut beaucoup: Langerwehe. A la prochaine auberge il vit, derrière la porte vitrée, l'ombre de la tavernière qui s'apprêtait à fermer; il poussa doucement la porte, scruta le large visage las de la femme et dit: «Donne-moi rapidement une bière encore.» Elle ferma à clé derrière lui, alla au comptoir, prit un verre dans l'armoire et le tint sous le robinet de pression.

«Tu ne sais pas conduire, par hasard? demanda-t-elle.

– Si, dit-il.

– Les poids lourds aussi?

– Oui.

«Hast du Papiere.»

Er zog sie aus der Tasche, gab sie ihr, sie studierte sie sorgfältig.

«Tauros?», sagte sie, «heißt das nicht Stier?»

«Mein Gott», sagte er, «bist du aber gebildet.»

«Ich war bei Nonnen auf der Schule» sagte sie, «da lernt man was. Also gut. Du bist engagiert. Versuchen wir's miteinander.»

So wurde er Bierfahrer.

## II

Nicht nur ihr Vorname war ungewöhnlich; vor allem, daß sie zu diesem Schmitz zog; er war Elektriker in einer Papierfabrik, hatte ein Häuschen geerbt, Stall, Scheune und ein paar Morgen Land; ein etwas versponnener Bursche, der manchen mürrisch vorkam und ein bißchen frömmlerisch, weil er in den Kneipen bockig schwieg, wenn andere – Vertreter, Anstreicher, Briefträger – von ihren Weibergeschichten erzählten;

er galt als «andersherum», weil er nie was mit Frauen und Mädchen hatte, nie zu Tanzereien ging; nur dieses eine Mal mit einer Kusine aus Langerwehe, die ihn einfach in ihrem Auto abschleppte, weil sie für den Abend keinen Begleiter hatte; an diesem Abend traf er mit ihr zusammen auf dem Ball ihre Schulfreundin mit dem ungewöhnlichen Vornamen;

da konnte er sogar plötzlich tanzen; er tanzte oft mit ihr, zog sie später an der Hand durch den bunt erleuchteten Biergarten an den Feldrain, versuchte sie zwischen den parkenden Autos zu umarmen. «Nicht hier», sagte sie leise.

«Wo denn?» fragte er.

«Im Wald», sagte sie, «sehr sehr weit von diesen Autos weg. Doch nicht, wo Autos in der Nähe stehen.»

– Tu as des papiers?»

Il tira les papiers de sa poche, les lui donna, elle les étudia attentivement.

«Tauros? dit-elle, ça ne veut pas dire taureau?

– Mon Dieu, dit-il, ce que tu es instruite.

– J'étais à l'école chez les bonnes sœurs, dit-elle, on y apprend des choses. Eh bien ça va. Tu es engagé. Voyons si nous nous entendrons.»

C'est ainsi qu'il devint livreur de bière.

## II

Ce n'était pas seulement son prénom qui sortait de l'ordinaire; c'est surtout qu'elle s'était mise avec ce Schmitz; il était électricien dans une cartonnerie, avait hérité d'une maisonnette, d'une étable, d'une grange et de quelques arpents de terre; un bonhomme légèrement songe-creux, qui paraissait grognon et un peu faux dévot à beaucoup de gens, parce que dans les cafés il s'entêtait à se taire quand d'autres – voyageurs de commerce, peintres en bâtiment, facteurs des postes – racontaient leurs bonnes fortunes; il passait pour être «de l'autre bord», parce qu'il n'avait pas d'affaires de femmes et de filles, n'allait jamais au bal; rien qu'une fois il y était allé, avec une cousine de Langerwehe qui l'avait purement et simplement enlevé en voiture parce qu'elle n'avait personne pour l'accompagner ce soir-là; c'est là, au bal, qu'ils rencontrèrent son amie d'enfance à elle, celle avec le prénom bizarre; voilà que subitement il réussissait même à danser; il dansa beaucoup avec elle, l'entraîna plus tard par la main à travers la terrasse qu'éclairaient des lampes bigarrées jusqu'à la lisière des champs, essaya de l'étreindre entre les voitures en stationnement. «Pas ici, dit-elle à mi-voix.

– Où alors? demanda-t-il.

– Dans les bois, dit-elle, très, très loin de ces voitures. Pas, quand même, là où il y a des voitures à proximité.»

Sie zog ihn an den Händen fort, tief in den Wald.

Sie gab das Ingenieurstudium auf und zog mit ihm in sein Haus, in dem Weiler Frauenbroich.

Die Nonnen in der Schule hatten mehr von ihr erwartet. «Europa», so hatte auf dem Abgangszeugnis gestanden, «verbindet Intuition und Intellektualität auf eine Weise, die Großes von ihr erwarten läßt.» Nichts Frommes hatten die Nonnen von ihr erwartet, Kühnes: «Die neue architektonische Dimension einer erneuerten Christlichkeit», so hatte die Direktion es ausgedrückt. Der Ärger mit ihr war vergessen; daß sie sich vor Kirchgang und Gebet meistens in den Garten verdrückte, es vorzog, Unkraut zu jäten oder bei der Obsternte zu helfen, und diese Affäre mit dem ältlichen Gärtner, die nicht sie, sondern er gestand; er behauptete, von ihr – sie war fünfzehn – verführt worden zu sein.

Auf alle Vorhaltungen antwortete sie nur mit dem einen Satz: «Ich bin eine Frau, ich bin eine Frau, ich bin eine Frau.» Später mit einem Lastwagenfahrer, der Zement für den Neubau der Turnhalle brachte, und wieder von ihr nur der eine Satz: «Ich bin eine Frau.» Beide Männer verheiratet. Skandale mit knapper Not vermieden. Der Kommentar ihrer Klassenlehrerin: «Es ist ihre Gewissenlosigkeit, die sie so schön macht.» Höhepunkt ihres Schulruhms: die Meditation über das Wort Vergehen in seiner Doppeldeutigkeit; der Schulrat dazu: «Das könnte man direkt publizieren.» Gleichzeitig ihre erstaunliche Einsicht in mathematische Probleme. Alles machte sie «spielend»: Obstpflücken, Turnen, Physik.

Nun lebte sie mit diesem Elektriker Schmitz, versorgte sein Haus, die Kuh, die Hühner, trieb sich tagelang in den Wäldern herum, sammelte Beeren und Pilze, kochte ein, mähte Heu.

In Frauenbroich und den umliegenden Weilern hieß es, sie treibe es im Wald auch mit Männern, doch fand man nie einen Mann, der sich rühmte, es mit ihr getrieben zu haben.

Elle l'entraîna par les mains au plus profond de la forêt.

Elle abandonna ses études d'ingénieur et alla s'installer avec lui dans sa maison, au hameau de Frauenbroich.

Les bonnes sœurs de l'école avaient placé en elle de plus grands espoirs. «Europe, avait-on pu lire dans son certificat de fin de scolarité, allie l'intuition et l'intellectualité d'une façon qui permet d'espérer d'elle de grandes choses.» Ce n'était rien de pieux, ce que les sœurs attendaient d'elle, mais des choses audacieuses: «La nouvelle dimension architecturale d'un christianisme renouvelé», ainsi que l'avait exprimé la direction. Les ennuis que l'on avait eus avec elle étaient oubliés: qu'elle s'était le plus souvent derobée aux visites à l'église et prière en prenant le large vers le jardin, préférant sarcler ou aider à la cueillette des fruits, et puis cette affaire avec le jardinier vieillot, avouée non par elle mais par lui; il prétendait avoir été entraîné par elle – elle avait quinze ans. A toutes les remontrances elle avait répondu par une phrase, toujours la même: «Je suis femme, je suis femme, je suis femme.» Plus tard avec un chauffeur de camion qui venait livrer du ciment pour la nouvelle salle de gymnastique, et toujours une seule phrase à tirer d'elle: «Je suis femme.» Les deux hommes mariés. Scandales évités de justesse. Commentaire de son professeur principal: «C'est son absence de scrupules qui la rend si belle.» Sommet de sa célébrité scolaire: sa dissertation sur le mot *filer* dans toute son ambiguïté; l'inspecteur à ce propos: «On pourrait vraiment publier cela.» Et en même temps son extraordinaire compréhension des problèmes mathématiques. Elle faisait tout «en se jouant»: cueillette des fruits, gymnastique, physique.

Maintenant elle vivait avec ce Schmitz, l'électricien, s'occupait de sa maison, de la vache, des poules, passait des journées entières dans les bois, rassemblait des baies et des champignons, faisait des confitures, coupait les foins. A Frauenbroich et dans les hameaux avoisinants on prétendait qu'elle avait aussi traîné avec des hommes, dans les bois, mais il ne s'était jamais trouvé un homme pour se vanter d'avoir eu des relations avec elle.

Schmitz war gut zu ihr, sie war gut zu ihm; ihre Herkunft blieb ihm so dunkel, wie sie den Nonnen geblieben war. Findelkind, Waisenkind. Immer, wenn Schmitz sie danach fragte, murmelte sie: «Ich weiß nicht, woher ich komme.» Wenn Schmitz heimkam und sie fragte, wie sie sich fühle, antwortete sie, was sie auch den Nonnen schon auf diese Frage geantwortet hatte: «Fremd, aber gut.»

Nachts legte sie oft ihren rechten Arm unter seinen Nacken, zog seinen linken Arm unter ihren Nacken, summte vor sich hin und sagte Dinge, die Schmitz merkwürdig erschienen.

«Das schönste Wort in eurer Sprache – – – vergehen.»

«Warum sagst du eure Sprache – – ist es nicht auch deine?»

Er spürte auf seinem Arm, daß sie den Kopf schüttelte.

«Du weißt ja», sagte sie eines Nachts, «daß ich nicht bei dir bleibe?»

Sie spürte im Dunkeln auf ihrem Arm, daß er mit dem Kopf nickte.

Schmitz hatte nie Angst, und doch war ihm bang. Es kam ihm vor, als wäre sie schon unendlich lange bei ihm, wäre immer bei ihm gewesen; ewig, das Wort wurde für ihn so lang und so breit wie es war; die Zeiten gingen ihm durcheinander: an einem Julimorgen waren sie zusammen aus dem Wald gekommen, und sie war bei ihm geblieben;

er hatte seinen Urlaub genommen, unbezahlten noch dazu, und es war erst Anfang September, als er die Verkaufsstelle für Flaschenbier übernahm; es schien ihm, als habe er die Ewigkeit hinter sich und die Zeit noch vor sich. Auch Worte verloren sich, wurden fremd: heiraten – es schien ihm, als habe er das Wort nie gehört; Autos: er sah sie und wußte doch, daß sie nicht da waren; Europas Gegenwart löschte Worte und Wirklichkeiten aus.

«Wenn ich dir vergangen bin», sagte sie in den ersten Septembertagen zu ihm, «dann nimm dir die Trude Weihrauch. Sie ist eine Frau.»

Schmitz était bon envers elle, elle était bonne envers lui; son origine à elle restait tout aussi obscure pour lui qu'elle l'était restée pour les sœurs. Enfant trouvée, orpheline. Chaque fois que Schmitz la questionnait à ce sujet elle murmurait: «Je ne sais pas d'où je viens.» Quand Schmitz rentrait et lui demandait comment elle se sentait, elle répondait ce qu'elle avait déjà répondu aux sœurs qui lui posaient cette question: «D'ailleurs, mais bien.»

La nuit elle étendait fréquemment son bras droit sous sa nuque à lui, amenait son bras gauche sous sa propre nuque, fredonnait et disait des choses qui paraissaient étranges à Schmitz.

«Le plus beau mot dans votre langue . . . filer.

– Pourquoi votre langue ... n'est-ce pas aussi la tienne?»

Il sentait sur son bras qu'elle secouait la tête.

«Je suppose que tu sais, dit-elle une nuit, que je ne resterai pas avec toi?»

Elle sentait dans l'obscurité, sur son bras, qu'il faisait un signe de tête affirmatif.

Schmitz n'avait jamais peur, et pourtant il était inquiet. Il avait l'impression qu'elle était avec lui depuis une éternité, qu'elle avait toujours été avec lui; éternellement – ce mot devenait pour lui aussi long et aussi large qu'il était; les époques venaient à se mélanger pour lui: un matin de juillet ils étaient sortis ensemble de la forêt, et elle était restée avec lui; il avait pris son congé, non payé en plus, et c'est seulement au début de septembre qu'il s'était chargé du dépôt de vente de la bière en bouteilles; il lui paraissait qu'il avait l'éternité derrière lui, mais que le temps, il l'avait encore devant lui. Les mots aussi se perdaient, devenaient étrangers: se marier – il lui semblait qu'il n'avait jamais entendu ce terme; autos: il les voyait et savait néanmoins qu'elles n'étaient pas là; la présence d'Europe effaçait les mots et les réalités.

«Quand j'aurai filé de chez toi, dit-elle dans les premiers jours de septembre, prends-toi la Trude Weihrauch. Elle est femme.»

## III

Morgens beim Frühstück rügte die Wirtin seine Manieren; daß er sich weigerte, ein Messer zu benutzen, das Brot einfach in Stücke riß, in die Butter, dann ins Salz stippte; hohnlachend ließ er sich zum Gebrauch eines Löffels herab, um die Eier aus ihren Schalen zu kratzen. Brot, Butter, Eier, Salz und Kaffee schmeckten ihm. Er studierte seine Route auf der Landkarte, ließ sich die Liste der Verkaufsstellen erklären, die Stellen, wo sie in den Weilern lagen; Flaschenpfandprobleme, und das Hauptprinzip des Geschäfts: «Nur gegen bar. Schließlich haben sie ja das Bier verkauft, dran verdient und können das neue bar bezahlen. Nur diesem neuen, dem Schmitz in Frauenbroich, kannst du erst mal Kredit geben.» Zum Glück war der Wagen noch von seinem Vorgänger beladen worden. «Es wird spät werden», sagte sie, als er sich ans Steuer setzte, «und verfahr dich nicht, Bulle.»

«Ja», sagte er, «es wird sehr spät werden», und fuhr lachend los.

Diese verschlafenen Weiler, zu klein für eine Kneipe oder zu weit von der nächsten Kneipe entfernt, gefielen ihm, müdes Vieh zwischen Obstbäumen; volle Bierkästen ab-, leere aufgeladen, Geld in die große Ledertasche; träge Frauen, mit denen er verhandelte, muntere, die meisten kamen ihm zu nahe;

nachmittags gegen zwei fuhr er kurz vor Frauenbroich in einen Waldweg, trank Wein aus seiner Flasche, aß Brot und Käse, rauchte eine Zigarette, ließ den Motor an, um zurückzusetzen. Er sah sie den Weg herauf auf das Auto zukommen, zog die Bremse, ließ den Motor im Leerlauf weiterlaufen, sprang ab und lief auf sie zu. Kurze Schüchternheit, bevor er sie in die Arme nahm; ihn überraschte, daß ihr Haar dunkel war, er hatte sie sich blond gedacht; sie störte, daß es nach Auto roch. «Komm», sagte er leise, «vergehen wir.»

## III

Le matin, au petit déjeuner, la tavernière blâmait ses manières; qu'il se refusât à se servir d'un couteau, qu'il mît simplement le pain en lambeaux, le trempant ensuite dans le beurre, puis dans le sel; avec un rire sarcastique il condescendit à utiliser une cuillère pour racler les œufs de leur coquille. Il trouvait le pain, le beurre, les œufs, le sel et le café bons. Il étudia son itinéraire sur la carte, se fit expliquer la liste des dépôts de vente, les endroits où ils se trouvaient dans les hameaux, les problèmes de consignation des bouteilles et le principe premier de ces opérations: «Seulement contre paiement comptant. Après tout, ils ont vendu la bière, ont fait un bénéfice dessus, et ils peuvent payer la nouvelle livraison comptant. Seulement au nouveau, ce Schmitz de Frauenbroich, tu pourras faire crédit pour commencer.» Heureusement le camion avait encore été chargé par son prédécesseur. «Il se fera tard, dit-elle tandis qu'il s'asseyait au volant, et ne t'égare pas, taureau.»

«Oui, dit-il, il se fera très tard», et il démarra en riant.

Ces hameaux somnolents, trop petits pour un café ou trop éloignés du café le plus proche, lui plaisaient, avec leur bétail las entre les arbres fruitiers; décharger des caisses de bière pleines, en charger des vides, mettre l'argent dans la grande sacoche de cuir; femmes indolentes avec lesquelles il négociait, femmes pleines d'entrain, la plupart le serraient de trop près; l'après-midi vers deux heures, peu avant Frauenbroich, il rangea la voiture dans un chemin forestier, but du vin de sa bouteille, mangea du pain et du fromage, fuma une cigarette, remit le moteur en marche pour reculer. Il la vit venir vers la voiture par le chemin, tira le frein, laissa le moteur tourner au ralenti, sauta à terre et courut vers elle. Bref instant d'embarras avant qu'il la prît dans ses bras; ce qui le surprit, c'est qu'elle fût brune, il l'avait imaginée blonde; ce qui, elle, la dérangeait, c'est qu'il sentît l'auto. «Viens, dit-il tout bas, filons.»

Den Lastwagen fand ein Liebespaar nachts; der Motor lief noch; Schmitz kam zurück in die Zeit, alle Bangigkeit fiel von ihm. Von den beiden keine Spur. Sie waren in den Wäldern vergangen.

Le camion, c'est un couple d'amoureux qui le découvrit la nuit; le moteur tournait toujours; Schmitz revint dans le temps, toute inquiétude l'abandonna. Des deux, aucune trace. Ils avaient filé dans les bois.

Lizenz-Vermerke

*Andersch.* Aus «Gesammelte Erzählungen» (1971) mit Genehmigung des Diogenes Verlages, Zürich.
*Schnurre.* Aus «Eine Rechnung, die nicht aufgeht; Erzählungen» (1958) mit Genehmigung des Autors.
*Grass.* Abdruck mit Genehmigung des Autors.
*Wohmann.* Aus «Erzählungen» (1966) mit Genehmigung des Verlages Langewiesche-Brandt, Ebenhausen bei München.
*Lenz.* Aus dem Manuskript, mit Genehmigung des Autors. Die Erzählung ist inzwischen erschienen in «Einstein überquert die Elbe bei Hamburg» (1975) im Verlag Hoffmann und Campe, Hamburg.
*Bachmann.* Aus «Das dreißigste Jahr; Erzählungen» (1961) mit Genehmigung des Verlages R. Piper & Co., München.
*Böll.* Aus «Erzählungen 1950–1970» (1972) mit Genehmigung des Verlages Kiepenheuer & Witsch, Köln.

*Die meisten Leser dieses Taschenbuches werden wohl an der deutschen* Sprache *interessiert sein. Aber sie erhalten bei der Lektüre auch einen Einblick in die deutsche* Literatur. *Und, ob sie es erwarten oder nicht: Dieses kleine Buch gibt ihnen einige* Auskunft *über «Deutschland und die Deutschen».*

*Denn eine Erzählung ist zwar nicht nur das, was sie mitteilt oder was sie aussagt – also ihr Stoff oder ihre Moral. Aber auch nicht nur der Vorwand für ein Kunst-Ereignis. Und gewiß nicht nur ein Stück Sprache.*

*Wir haben darum einerseits versucht, die deutsche Literatur seit 1945 so gut zu repräsentieren, wie das eben mit sieben Kurzgeschichten möglich ist. Und andererseits war es uns wichtig, daß die Auskünfte über deutsche Verhältnisse und Vorstellungen einigermaßen stimmten. Viele deutsche Zeitgenossen sollten sagen können: Ja, das kennen wir. Und zwar nicht nur zum unmittelbar Chronistischen.*

*Bei Andersch wie bei Schnurre kommt das Motiv der maßlosen Reue vor (sie war eine bezeichnende, nicht die allgemeine Reaktion der Deutschen nach dem Krieg). Zweimal der Ausländer, der sich um die deutsche Sprache müht: bei Lenz und Böll. Zweimal der «geistliche Stand» des Katholizismus: bei Böll und Andersch.*

*Bei Andersch erscheint ein Märchen-Element; bei Böll und Bachmann gibt es märchenhafte oder mythologische Pointen, bei Grass, in dieser schwer deutbaren Geschichte, ein durchgehend mythisch-symbolisches Geflecht, bei Schnurre eine magische Wirkung. Ist diese Häufung zufällig?*

*Daß und wie die Frau die Geprellte ist: Lenz erzählt es, indem er alles sagt, nur dies nicht; Gabriele Wohmann packt es in einen Satz – und den versteckt sie: «Rina, als er Rina zu mir sagte, mir die Tasche gab.» Ingeborg Bachmann schreit es den Männern, dem Mann in die Ohren, und doch ist dies, neben Böll, die eigentliche Liebesgeschichte des Bandes.*

*La plupart des lecteurs du présent livre de poche s'intéressent sans doute à la* langue *allemande. Mais leur lecture leur ouvrira aussi un aperçu sur la* littérature *allemande. Et, qu'ils s'y attendent ou non, ce petit ouvrage leur fournira quelques éléments* d'information *sur «l'Allemagne et les Allemands».*

*Un récit, certes, n'est pas seulement ce qu'il raconte ou veut dire, donc son sujet et sa morale. Mais il n'est pas non plus simple prétexte à une manifestation artistique. Et il n'est certainement pas un simple morceau de langage.*

*C'est pourquoi nous avons essayé, d'une part, de représenter la littérature allemande d'après 1945, autant qu'il était possible de le faire à travers sept contes. D'autre part il importait, estimions-nous, que les données de fait ainsi fournies sur les réalités et les façons de voir allemandes soient en gros pertinentes. Un grand nombre de contemporains allemands devaient pouvoir dire: oui, c'est bien cela. Et pas seulement pour ce qui relève de la pure chronique.*

*Chez Andersch comme chez Schnurre apparait le thème du remords démesuré (c'était une réaction fréquente, mais non générale des Allemands après la guerre). Deux fois l'étranger aux prises avec la langue allemande: chez Lenz et Böll. Deux fois le clergé catholique: chez Böll et Andersch.*

*Chez Andersch on rencontre un élément de conte de fées; chez Böll et Bachmann on trouve des traits féeriques ou mythologiques, chez Grass, histoire difficile à interpréter, tout un dense réseau d'éléments mythiques et symboliques, chez Schnurre un effet de magie. Est-ce une accumulation fortuite?*

*Que les femmes sont dupées, et comment elles le sont: Lenz le raconte en disant tout, sauf cela; Gabriel Wohmann emballe l'idée dans une phrase, et encore la cache-t-elle: «Rina, quand il m'a appelée Rina, qu'il m'a donné le sac.» Ingeborg Bachmann le crie aux hommes, à l'homme et pourtant cette histoire, à côté de celle de Böll, est la véritable histoire d'amour, dans ce volume.*

*Zweimal das verletzbare kleine Mädchen: bei Andersch und Grass. Zweimal der Autofahrer in archaischer Männlichkeit: bei Wohmann und Böll...*

*So könnte man weiterspielen, und man würde finden, daß jede dieser Erzählungen sich mit jeder anderen in einigen Punkten berührt. Ob da etwas «typisch Deutsches» zu erkennen ist?*

*Zu notieren sind noch ein paar Einzelheiten:*

*«Deutsch» ist ein vieldeutiger Begriff. Auch in der DDR, in der Schweiz, in Österreich gibt es deutsche Literatur. Aber der Platz war beschränkt – und etwa möglichst viele ganz kurze Prosastücke: das wäre nichts zum Warmwerden.*

*«Das Examen» von Lenz ist in dieser Sammlung zum ersten Mal veröffentlicht worden. Es ist die zuletzt entstandene Erzählung dieses Bandes.*

*Grass ist kein Erzähler von Kurzgeschichten. «Meine grüne Wiese» ist seine einzige, und sie entstammt seinen frühen Jahren.*

*Von Böll, der viele Kurzgeschichten geschrieben hat, war der «Bierfahrer» aus mehreren Gründen verlockend, besonders aus diesem: In dem Mädchen und der Frau Europa ist die berühmteste seiner Frauengestalten vor-gezeichnet, die Leni Gruyten aus dem Roman «Gruppenbild mit Dame».*

*Der Übersetzer hat manche Freiheiten eines literarischen Übersetzers nicht in Anspruch genommen. Ein Leser, der durch den Vergleich der beiden Seiten sein Sprach-Verständnis üben will, sollte praktische Hilfe erhalten. Eine reine Schul-Übersetzung war aber auch nicht das Ziel. Vielmehr sollte ein doch immer noch literarisches Französisch entstehen.*

*Deux fois la fillette vulnérable: chez Andersch et Grass. Deux fois l'automobiliste, se présentant dans sa virilité archaïque: chez Wohmann et Böll . . .*

*On pourrait poursuivre ce jeu, on finirait par trouver que chacun de ces contes a certains points communs avec tous les autres. Cela révèle-t-il quelque chose de «typiquement allemand»?*

*Quelques points particuliers méritent encore d'être notés:*

*«Allemand» est une notion à sens multiple. En R.D.A., en Suisse, en Autriche il existe aussi de la littérature allemande. Mais la place était limitée, et accumuler le plus grand nombre possible de très courts morceaux de prose n'eût guère été une formule faite pour établir le contact.*

L'examen *de Lenz est publié ici pour la première fois. C'est le récit le plus récent que contient ce volume.*

*Grass n'est pas un narrateur de contes.* Mon pré vert *est le seul qu'il ait écrit, et il date de ses débuts.*

*De Böll qui a écrit des contes nombreux, le* Livreur de bière *était tentant à plusieurs égards, mais surtout parce qu'Europe, jeune fille puis femme, est la préfiguration de la plus célèbre des héroïnes de l'auteur, Leni Gruyten dans le roman* Portrait de groupe avec dame.

*Le traducteur a renoncé à nombre de libertés auxquelles peut recourir un traducteur littéraire. Le lecteur désireux d'entraîner sa compréhension de la langue en confrontant les deux textes, l'original et la traduction, devait trouver ici une aide pratique. Mais il ne s'agissait pas non plus de fournir une traduction purement scolaire. On a voulu réaliser en français une œuvre qui ait encore, néanmoins, une certaine valeur littéraire.*